2023年度河南省科技厅软科学项目"河南省乡村民俗文化数字化建设研究"（项目编号：232400411149）；河南艺术职业学院校级科研创新团队建设项目"河南省乡村文化建设的内涵与路径研究"（项目编号：2022-HYKYCX-04）

乡村民俗文化的数字化研究

刘东阳　等◎著

XIANGCUN MINSU WENHUA DE
SHUZIHUA YANJIU

安徽师范大学出版社
ANHUI NORMAL UNIVERSITY PRESS
·芜湖·

图书在版编目(CIP)数据

乡村民俗文化的数字化研究 / 刘东阳等著 . -- 芜湖 :

安徽师范大学出版社, 2024. 7. -- ISBN 978-7-5676-6938-3

Ⅰ. K892-39

中国国家版本馆 CIP 数据核字第 2024FM0790 号

乡村民俗文化的数字化研究　　　　　　　　　　　　刘东阳 等◎著

责任编辑：吴俊瑶

责任校对：夏珊珊

装帧设计：张　玲　张德宝

责任印制：桑国磊

出版发行：安徽师范大学出版社

　　　　　芜湖市北京中路2号安徽师范大学赭山校区

网　　　址：http://press.ahnu.edu.cn

发 行 部：0553-3883578　5910327　5910310(传真)

印　　刷：苏州市古得堡数码印刷有限公司

版　　次：2024年7月第1版

印　　次：2024年7月第1次印刷

规　　格：700 mm×1000 mm　1/16

印　　张：11.25

字　　数：180千字

书　　号：978-7-5676-6938-3

定　　价：58.90元

凡发现图书有质量问题,请与我社联系(联系电话:0553-5910315)

目　录

第一章　乡村民俗文化的界定

从数字化层面讨论乡村民俗文化的问题，基础的任务仍然是核心概念的界定，即什么是民俗、什么是民俗文化、什么是乡村民俗文化，以及乡村民俗文化的意义、现状与发展趋势。因此，作为开宗明义的第一章，本章主要阐释的问题包括两个方面，即民俗文化与乡村民俗文化、乡村民俗文化的发展现状及策略。

第一节　民俗文化与乡村民俗文化

一、民俗与民俗文化

（一）民俗

民俗即民间风俗，它涵盖了民间社会生活中各类文化事项。作为一种历史悠久、相沿成习的文化传承，民俗伴随着经济、政治、地缘、宗教、语言等差异，对一个地区人民群众的思想、性格、生产、生活等方面产生了深远的影响。依据民俗行为及其相关的心理活动，可以将民俗分为物质民俗、社会民俗、语言民俗、精神民俗四个主要类别。

物质民俗是指以物质形态存在与传播的民俗事项，如民居、服饰、饮食、生产、贸易、传统手艺等；社会民俗是指那些以社会结构和社会关系为基础的民俗活动，涉及个人与家庭、家族、乡村、民族乃至国家层面的制度性或约定俗成的民俗事项，如社会组织民俗、社会制度民俗、岁时节日民俗等；语言民俗是指以口语形式传播与传承的民俗事项，更多地体现在民俗语言与民间文艺中，如民谚民谣、神话传说、说唱艺术等；精神民俗则与意识形态相关，是世代传承的集体心理习惯，表现为人们在认识与改造自然过程中形成的人生观与世界观，其中可能存在非科学和不文明的落后成分。

（二）民俗文化

民俗文化的概念依托"民俗"的概念，民俗本身就是一种文化模式，根植于传统，延伸至现代，涉及社会生活的各个领域，承载着群体认可的情感基础，并因此形成了较高的权威性与象征意义。

关于"民俗文化"的界定，东华大学柯玲教授给出了这样的解释：民俗文化是特定的国家或地区的民众群体，在改造自然、发展自己的实践活动中，创造、选择或凝聚、升华而成的程式化的不成文的规矩，是一种在民众中自行传承或流传的、模式化的、生动活泼的生活文化[1]。因此，民俗文化具有鲜明的历史属性与生活属性，是人民群众创造与传承的"民间"文化形态。从地域上看，民俗文化包括乡村民俗，也包括都市民俗与城镇民俗；从时间上看，民俗文化包括源于古代的民俗传统，也包括现当代形成的民俗习惯；从形态上看，民俗文化包括物质的文化形态，也包括精神的文化形态。

二、民俗文化的特点

章沧授教授将民俗文化的特点归纳为鲜明的民族特性、显明的时代特性、独特的地域特性、传承的稳定特性、出新的变异特性、趋同的融合特性、显著的功用特性等七个方面[2]；柯玲教授将其归纳为源远流长的历史、古拙质朴的表现、奇异神秘的内涵、丰富多样的内容、注重实用的宗旨、礼俗一体的形制等六个方面。本书将民俗文化的特点总结为四个方面，即

---

① 柯玲.中国民俗文化[M].2版.北京：北京大学出版社，2017：1-8.
② 章沧授.中国民俗文化[M].合肥：安徽大学出版社，2014：7-14.

鲜明的集体性、鲜明的类型性、鲜明的稳定性与变异性、鲜明的传播性与传承性。

（一）鲜明的集体性

民俗文化是集体智慧的结晶，且在一定的集体范围内被广泛认可与传承，如中国不同民族有不同的过年习俗，汉族与蒙古族、壮族、苗族等是在农历正月初一庆祝，而傈僳族（阔时节）是在公历十二月二十日左右（具体时间因地区和年份而有所不同），彝族是在农历十月，藏族则是在藏历的正月初一。这些习俗不仅在时间上各有差异，还在形式和内容上呈现出丰富的多样性。

（二）鲜明的类型性

民俗文化内涵较为丰富，按照不同的分类标准，可以概括出不同的民俗文化类型，如"乡村民俗文化"体现了明显的地域文化类型，且还可以进行更为详细的分类。

（三）鲜明的稳定性与变异性

稳定性与变异性是相对而言的两个概念。稳定性是指民俗文化一旦形成后就会成为人们社会生活的一部分，这种稳定性是民俗文化发挥规范作用的重要基础；变异性是指随着社会的发展，尤其是社会经济的发展和文化的变革，某些不适应社会发展的民俗文化将逐渐消失或"变异"。

（四）鲜明的传播性与传承性

这里的传播性，指的是民俗文化在空间上的传播。民俗文化的影响有着典型的地理特征，所谓"百里不同俗"便是如此。传承性，指的则是民俗文化在时间上的延续，即使在传承过程中会出现"失真"甚至"消亡"的情况，民俗文化的主体仍然呈现出连续性和承接性的传承态势，成为社会文化的重要组成部分。

三、乡村民俗文化的界定

（一）乡村与乡村民俗文化

乡村民俗文化的界定，需要从"乡村"与"民俗文化"的关系入手。有学者认为民俗文化产生于乡村，进而将民俗文化纳入乡村文化的研究范畴，也有学者将民俗简单地与"传统"挂钩。有学者认为，民俗文化是政治、经济、文化等多重因素交叉融合凝聚成的丰富形态，它体现了农村的精神面貌和特殊的人文关怀，是沉淀在历史中的特殊的文化结晶[1]。再如袁勋等认为"民俗起源于人类的生产活动，是村落传统文化的体现，也是民间信仰、情感道德和价值观念的综合反映"[2]。然而，这种界定并不全面。民俗不仅存在于乡村，城市同样也有民俗；乡村民俗也不仅仅是历史的延续，现代社会同样也在孕育着新的民俗。

按照国家标准对区域的管理划分，存在城市与农村/乡村的划分，其中，城市通常指人口集中、商业经济发达、以非农业人口为主的地区；乡村则是人口较为分散、以农业经济为主、农业人口为主的地区。城市的形成，衍生了一种新的文化类型，并在地区差异的基础上孕育了差异化的城市文化发展方向，例如，"京派"与"海派"的城市文化之间的冲突、对峙与交流。正如"城市文化"一样，"城市民俗文化"在民俗文化构成中也有着独立的位置，中国民俗学家钟敬文先生早在20世纪80年代初期就曾指出我国民俗学的材料多数在农村，这当然要重视，但是我们也不能排斥对现代都市材料的搜集和研究。中央民族大学教授、博士生导师邢莉等也指出，长期以来民俗学致力于传统的研究，民俗学的视野一直局限于乡土社会，而忽视了城市民俗[3]。本书的研究重点是乡村民俗文化，不对城市民俗文化

---

① 杜耀中.乡村民俗文化传承的路径探析[J].人民论坛,2019(31):92-93.

② 袁勋,谢琦.智能时代乡村民俗文化的可持续传播路径[J].湖北农业科学,2022(12):217-220.

③ 邢莉,刘兴禄.城市民俗的中国渊源与城市民俗学的兴起[J].云南师范大学学报(哲社会科学版),2018(1):69-75.

展开讨论，但我们仍要明确，民俗不独属于乡村，"乡村民俗文化"与"城市民俗文化"之间存在着一定的差异，这将使我们的研究更具针对性、客观性与有效性。

此外，乡村民俗文化也不能简单地等同于传统文化。民俗有着继承性，也有着创新性，随着时代的发展，新民俗不断涌现。以春节习俗为例，除了守岁、祭祖、拜年、贴春联等传统民俗外，观看中央广播电视总台举办的春节联欢晚会，已经成为现在人们春节期间的一项重要文化项目，即使在多元化的新媒体时代，一家人守在电视前观看春节联欢晚会，仍然是很多家庭除夕夜必不可少的"保留项目"。而随着互联网的发展与智能手机的普及，通过手机看"村晚"，成为很多乡村群众春节期间的又一选择。2021—2023年，文化和旅游部公共服务司主办的《我的"村晚"我的年》全国"村晚"云直播晚会，充分挖掘"村晚"蕴含的地域特色和民族特色，引起乡村群众的热烈反响；2024年2月23日，文化和旅游部办公厅发布的《关于开展2024年"四季村晚"活动的通知》（办公共发〔2024〕23号），鼓励和引导"村晚"机制化、常态化、品牌化，更是将"村晚"热推向了新的高度，打开手机看"村晚"，家门口参与"村晚"，已经成为中国乡村的新民俗[1]。

（二）乡村民俗文化的界定

在论述乡村民俗文化时，有学者将其与"农村民俗文化""农村民俗""乡村民俗"并称。通过相关关键词的检索、分析与总结，我们可以对现有的关于"乡村民俗文化"的界定进行一定程度的梳理。

苏雷、刘永红指出乡村民俗文化是民俗文化的重要组成部分[2]，即明确定义了二者之间的关系。吴存浩更是进一步明确了城市民俗文化与农村民俗文化的差别，认为城市民俗文化缺乏血缘文化色彩；农村文化，尤其是

---

[1] 王彬.乡村新民俗：上"村晚"，看"村晚"[N].中国文化报,2023-02-04.

[2] 苏雷,刘永红.解构与建构：乡村民俗文化的现代性危机——近20年来国内关于乡村民俗文化变迁的研究综述[J].党政干部学刊,2018(11):70-75.

农村民俗文化本质上是一种血缘文化①。陶维兵指出，乡村民俗作为依附于农民的生活、习惯、情感与信仰而产生的文化，是农村文化的重要内容，有利于培育农村社会的一致性和构建社区共识②。相较而言，孙玉娟、孙婉竹的论述更为丰富，他们认为农村民俗文化，是指一定的社会经济条件下形成的、以农民为载体的民俗文化，是农民的文化水平、思想观念以及在漫长农耕文明中形成并积淀的认知方式、思维方式、价值观念、情感状态、处世态度、人生追求、生活方式等深层心理结构的反映，表达的是农民的心灵世界、人格特征以及文明开化程度③。

结合上述讨论，我们可以尝试性地给乡村民俗文化作出定义：乡村民俗文化，是广大乡村人民群众在长期的生产生活中积累与发展起来的，关于生产、生活、习俗、习惯、情感与信仰等方面的地域文化风俗。它既具有鲜明的传统性与传承性，也对新时代的乡村发展具有积极的建设意义。

（三）乡村民俗文化的类型

乡村民俗文化按照不同的标准，可以有不同的分类形式。我们可以按照乡村类型与民俗类型来划分乡村民俗文化。按照乡村生产生活方式的不同，即乡村聚落的经济结构形式，可以将乡村分为农村、渔村、牧村、山村等类型，相对应地，乡村民俗文化可分为农村民俗文化、渔村民俗文化、牧村民俗文化、山村民俗文化等。如已有500多年历史的"鱼灯节"，是山东莱州、蓬莱、黄渤海新区等沿海渔村的民俗传统，每年的正月十三、十四，渔民们会将青萝卜灯、胡萝卜灯或豆面灯送到庙里和船上，祈盼风调雨顺、鱼虾满舱。2008年，"鱼灯节"被列入中国国家级非物质文化遗产（下文简称"非遗"）名录。

根据民俗的划分类型，可以按照上文的物质民俗、社会民俗、语言民

---

① 吴存浩.城市民俗文化与农村民俗文化差异论[J].民俗研究,2004(4):31-44.

② 陶维兵.新时代乡村民俗文化的变迁、传承与创新路径[J].学习与实践,2018(1):133-140.

③ 孙玉娟,孙婉竹.新农村民俗文化建设的现实审视[J].东北农业大学学报(社会科学版),2013(4):28-31.

俗、精神民俗的分类，将乡村民俗文化分为乡村物质民俗文化、乡村社会民俗文化、乡村语言民俗文化、乡村精神民俗文化等类型；也可以按照经济民俗、社会民俗、信仰民俗、游艺民俗的分类，将乡村民俗文化分为乡村经济民俗文化、乡村社会民俗文化、乡村信仰民俗文化、乡村游艺民俗文化等类型。如山西终南山北麓沿线乡村的"蒸饭会"民俗，就是乡村社会民俗文化的一种。当地农民在稻米丰收时，都会举行庆祝丰收的活动，每个村子请人来唱大戏，家家户户都会组织待客，比过年还要热闹。再如陕西"耍社火"的乡村民俗，是乡村游艺民俗文化的一种。一个"社"在组织耍社火时，这个村的其他"社"都要去帮忙，即"帮社制度"，之后其他"社"举办社火活动时，这个"社"也一定会去帮忙，这项民俗不仅体现了游艺民俗文化，也体现了乡村重视信义承诺、互帮互助、凝心聚力的传统。

（四）乡村民俗文化的意义

第一，乡村民俗文化是推动实施乡村振兴战略的催化剂。2024年，《中共中央　国务院关于学习运用"千村示范、万村整治"工程经验有力有效推进乡村全面振兴的意见》提出的"加强乡村优秀传统文化保护传承和创新发展。强化农业文化遗产、农村非物质文化遗产挖掘整理和保护利用，实施乡村文物保护工程"，涵盖了乡村民俗文化方面的内容。乡村民俗文化传承历史文明与生活传统，记录着历史长河中的精神与情感，从根源上讲，具有强烈的"乡土性"，有着乡村最原始的、深厚的文化积淀。经济民俗、社会民俗、信仰民俗、游艺民俗等作为乡村文化的重要组成部分，深刻影响着乡村群众的生产生活，在乡村建设中发挥重要作用。如乡村民俗文化中的生活民俗，在"血缘文化"的基础上，更加注重对长者与尊者的尊敬，强调"父慈、子孝、兄良、弟悌、夫义、妇听、长惠、幼顺"，有助于乡村治理与社会稳定，有助于社会优良乡风的培育。乡村民俗文化不仅体现了乡村群众的生活习俗与生存状态，还反映了差异化的地理特征与历史渊源，是乡村物质生产与精神文化的重要财富。

第二，乡村民俗文化是提升乡村群众文化素养的助推器。乡村群众不仅是乡村建设的主体，也是乡村民俗文化传播与接受的主体。乡村群众的主体意识与文化传承的自觉性，是乡村民俗文化传承与发展的基础。因此，我们要重视通过乡村民俗文化来提升乡村群众的文化素养，并以此反哺民俗文化的传承与发展。随着乡村物质文化建设的发展，乡村群众的精神文化需求已经成为乡村振兴的重要内容，充满"土味"的乡村民俗文化，正是乡村群众喜爱的文化形式，不断激发乡村民俗文化的内生动力。通过推动乡村民俗文化的创造性转化和创新性发展，鼓励村民讲好乡村传统戏曲、方言、技艺、习俗的故事，并运用现代传播方式创新表达，提高乡村民俗文化感召力，让传统的乡风乡韵焕发时代光彩，让乡村群众乐于参与、便于参与、主动参与，这不仅能够不断满足乡村群众的精神文化需求，还能有效提升乡村群众文化素养。2024年1月18日至3月1日，山东省16市同时开展"2024春节山东乡村文化旅游节"，山东省各地文联组织开展了一系列精彩纷呈的文艺活动。通过挂灯笼、贴春联、赏花灯、看大戏、舞龙狮、扭秧歌、品美食、赏非遗等一系列活动，源自乡村的民俗文化焕发新活力，为乡村群众提供了具有地道年味儿的"文化大餐"。

第三，乡村民俗文化是带动乡村产业发展的支撑力量。充分利用乡村民俗文化特色，挖掘文化资源，展示民俗文化魅力，开展文创、旅游等相关产业的经贸洽谈与招商引资活动，为乡村产业与经济发展创造新的契机，打造与民俗文化相关的文化产业经济，加强乡村与产业、行业、企业的结合，是使乡村民俗文化市场强起来、大起来、火起来的关键。尤其是文化底蕴深厚、民俗资源丰富、群众基础广泛的乡村，应出台相关支持政策，挖掘可利用的民俗文化项目，投入专项资金，大力扶持民俗文化产业。如甘肃省正宁县通过制定扶持民俗文化产业发展的政策，并成立民俗文化研究所。正宁县文体广电旅游局投入资金在全县8个乡建设文化集市销售网点；在山河镇董庄村建成"文化集市一条街"，入驻销售企业10家，年销售额突破300万元。全县香包生产已涉及10个乡镇94个行政村，发展重点村12个；创办香包刺绣公司23个、加工厂6个，年生产能力达到250万件，销售收入达1.5亿元。全县共有民俗文化产业公司22家，成立乡村旅游合作社2个，以香包刺绣、正宁老豆腐、山核桃工艺品等为代表的民俗文化产业得到复苏和发展。

第四，乡村民俗文化是传承社会主义核心价值观的有效途径。习近平总书记在党的二十大报告中指出，中华优秀传统文化"蕴含的天下为公、民为邦本、为政以德、革故鼎新、任人唯贤、天人合一、自强不息、厚德载物、讲信修睦、亲仁善邻等，是中国人民在长期生产生活中积累的宇宙观、天下观、社会观、道德观的重要体现，同科学社会主义价值观主张具有高度契合性"。民俗文化的集体性，培育了社会的一致性，增强了民族认同感，弘扬了民族精神，塑造了民族品格，这些是民俗得以形成并延续的核心要素。乡村民俗文化依附于乡村群众的生产、生活、习惯、情感与信仰，体现在乡村群众的语言、行为与心理活动中，在塑造群众价值观方面，发挥着深刻的建构作用。一方面，乡村民俗文化中所强调、体现与传承的道德要求与行为准则，与社会主义核心价值观有着极强的关联，如划龙舟过程中的团结协作、积极拼搏等，都与社会主义核心价值观有着极大契合；另一方面，乡村民俗文化活动也是传播社会主义核心价值观的有效载体。如湖北省省级非遗项目——"南漳剪纸"，其第三代传承人李秀玲的剪纸作品（如图1-1），采用窗花剪纸的风格，将传统文化与时代精神相结合，以纤细秀丽的构图展现了社会主义核心价值观的基本内容，幅幅作品栩栩如生。

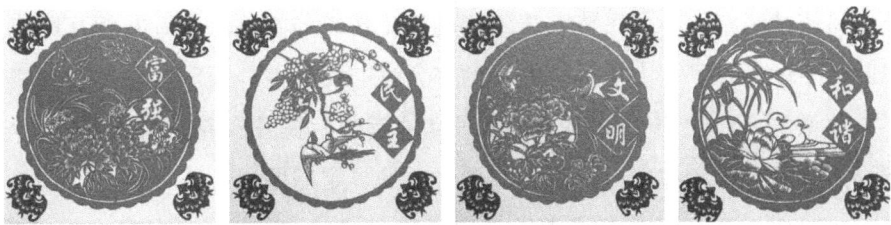

图1-1　"南漳剪纸"第三代传承人李秀玲的剪纸作品

第二节　乡村民俗文化的发展现状及策略

一、乡村民俗文化的研究参考对象

（一）乡村与非遗

非遗是各族人民世代相传并视为文化遗产组成部分的各种传统文化表现形式，以及这些与传统文化表现形式相关的实物和场所，是非物质文化遗产中最富活力的重要组成部分，承载着群众的智慧、记录着历史的发展与彰显着文明的辉煌。

乡村是我国传统农耕文化的源头，也是各种非遗项目集中遗存的空间。乡村群众创造的各种非物质文化活动与实践，包括传统技艺、民间艺术、节日庆典、民风民俗等，具有丰富的历史和文化内涵，是乡村民俗文化重要的表现形式。因此，非遗始终与乡村民俗文化密切联系，乡村民俗文化是非遗的一部分，非遗又反映着乡村的生产生活与风俗风貌。

（二）研究参考对象的界定

中国乡村民俗绚丽多姿、丰富多彩。一方面，中国幅员辽阔，不同地区的地理环境孕育了不同的生产方式与生活习惯；另一方面，中国又是一个多民族的国家，不同民族有着不同的历史传统与文化习俗，并相互影响。因此，中国乡村民俗文化具有鲜明的多元性与复合性。面对如此多彩多姿、不胜枚举的乡村民俗文化，为避免研究的泛化、提升研究成果的务实性与指导意义，首要考虑的应是研究参考对象的界定问题。

2003年，联合国教育科学及文化组织会议通过《保护非物质文化遗产公约》；2005年，《国务院办公厅关于加强我国非物质文化遗产保护工作的意见》提出"建立国家级和省、市、县级非物质文化遗产代表作名录体系"；2006年5月，第一批国家级非物质文化遗产名录公布，同年9月，由中国艺术研究院加挂中国非物质文化遗产保护中心牌子，成立"中国非物质文化遗产保护中心"，成为国家级非物质文化遗产保护的专业机构。

国家级非物质文化遗产，体现了中华优秀传统文化，具有非常重要的历史、文学、艺术、科学价值。国务院于2006年、2008年、2011年、2014年和2021年先后公布了五批国家级项目名录（前三批名称为"国家级非物质文化遗产名录"，第四批及之后改称为"国家级非物质文化遗产代表性项目名录"），共计1557个国家级非物质文化遗产代表性项目、3610个子项。并从第二批国家级项目名录开始，设立了扩展项目名录。从2008年起，国家级项目名录将非物质文化遗产再次确认为十大门类，分别为民间文学、传统音乐、传统舞蹈、传统戏剧、曲艺、传统体育、游艺与杂技、传统美术、传统技艺、传统医药和民俗。

"民俗"作为国家级非物质文化遗产的重要门类，为相关选题的研究提供了较好的参考框架。通过深入了解该门类下的民俗项目，我们可以掌握乡村民俗文化的代表性内容，做到脑中有图、心中有数。因此，本书在构想、设计、释义、举例时的框架，都将围绕国家级非遗名录中"民俗"门类的相关内容进行。

二、乡村民俗文化的发展困境

以国家级非遗项目民俗门类的具体内容为参照，我们可以简单梳理一下当前乡村民俗文化的发展情况，为后续针对乡村民俗文化的数字化研究奠定基础。

（一）传承人匮乏，乡村民俗文化发展缺少持续力

文化传承，首先在于人。乡村民俗文化的保护与传承，乡村民俗文化的可持续发展，更是需要扎根乡村、具有民俗文化传承与创新能力的继承者。随着城镇化速度的加快，乡村人口的频繁流动，导致传统民俗的传播空间受到挤压，民俗活动的举办热情受到抑制，老艺人精力不足，年轻人兴趣不浓。尤其是乡村经济落后的地区，人口不断流失，能将民俗文化传

承下去的后继之人越来越少。一些年轻人对民俗文化传承的积极性取决于这门手艺当下能否带来谋生机会和实现财富积累，而不是传承的意识、兴趣与责任感。如2008年被国务院公布为国家级非物质文化遗产的河南确山民俗"打铁花"，也曾因为传承人的问题，在2020年前后陷入困境。为将该项非遗传承下去，该项非遗传承人杨建军开始组建女子铁花队，壮大传承人队伍。

（二）过度商业化，乡村民俗文化失去了本真意义

本真意义是指事物最原始、最本质的含义，它超越表面的现象，深入事物的核心。乡村民俗文化的本真意义，体现在乡村的风俗传统与生活习惯之中，是千百年沉淀于乡村生产生活中的原汁原味的内容，这与注重直接利益与短期效应的商品化、市场化存在着本质上的差别。而有些乡村民俗文化的开发却变成了"特色菜"，只要能够形成特色，只要能够打造噱头，就会大兴土木、匆匆上马。如三门峡市陕州区文化馆推送的"窑洞营造技艺（地坑院营造技艺）"，成为国家级非遗2011年（第三批）传统技艺类别的扩展项目，而基于此兴建起来的"陕州地坑院景区"，则是将三门峡北营村整体迁移后，在原地坑村落基础上建造起来的4A级景区，虽产生了一定的保护与传承意义，但让世代居住于此的村民让位于外来的景区员工，使静态的陈列取代了动态的生活，现在呈现了什么、怎么呈现，已经不是原住村民所能左右的，村民失去了文化传承与创新的主动权，乡村民俗文化也失去了原本的发展轨迹。

（三）同质化严重，乡村民俗文化输出缺少吸引力

适应时代需求、市场需求、群众需求，开发当地乡村民俗文化，让人们看到乡村民俗、参与民俗活动、感受民俗特色，是传承与发展乡村民俗文化的重要途径。在乡村民俗文化开发的过程中，需要充分挖掘该民俗文化的独特魅力，体现出差异化的乡村民俗文化内容生产与输出，拒绝抄袭、抵制模仿，更要注重乡村民俗文化的社会效益。在当前的乡村民俗文化生

产中，还存在着不切合本地的乡土民情、缺乏有效的创新创意、民俗文化呈现形式低俗庸俗、创作内容同质化严重等问题。一时兴起、缺乏长远规划的民俗文化开发，虽然短期内可能吸引关注，却无法长久发展下去。如陕西省西安市的白鹿原民俗文化村，就是典型的例子。其占地1200亩、投资3.5亿，2016年开始运营，却在四年后宣布倒闭。未能深入挖掘陕西丰富的历史文化底蕴，缺乏特色和亮点，商业化氛围过于浓厚，游客旅游体验差，是其失败的根本原因。陕西省旅游设计院总规划师崔宁表示，近年来各地都出现依托民俗、民风的文旅建设热潮，想法都很简单，认为建一条仿古街，自然就有人来。但这其实只是"拍脑袋"想出来的，没有考虑项目的内涵是什么、吸引客流的创新点在哪里。他还强调，发展特色小镇应遵循市场规律，水到渠成，不能拔苗助长；同时，还要差异化定位，强调一镇一特色。

（四）新媒体影响，乡村民俗文化传播受到制约

传统意义上的乡村民俗文化，受地理、经济、交通等影响，地域性明显，受众群体有限，只在一定的范围内传播。在交通比较闭塞、生活范围较小的传统社会，乡村群众在生产生活之余可选择性较少，因此，乡村民俗文化在当时具有较高的接受度与影响力。进入新媒体时代，尤其是移动互联网时代，新媒体凭借其移动化、便捷性、可视性、娱乐性、使用门槛低等优势，强势介入乡村生活，不仅改变了乡村信息传播方式，也改变了乡村群众的生活方式。上网、刷视频、使用社交软件聊天、玩手机游戏，成为乡村群众生活的另一种面貌，即使年龄较长的中老年人，也被抖音、快手等短视频深深吸引。在这样的情况下，乡村民俗文化的吸引力大打折扣，传播效果也受到制约。我们认为，新媒体对于乡村民俗文化的传播既是机遇，也是挑战。数字化时代不可逆，如何有效利用数字化，实现乡村民俗文化的更新、更快、更有效地传播，是本书后几个章节重点讨论的问题。

三、乡村民俗文化的发展策略

(一) 加强人才培育

乡村民俗文化的传承，是一项长期的文化事业，需要一代又一代人的努力。应重视乡村民俗文化的队伍建设，形成传承有序、良性发展的人才队伍。第一，要保护老一代的传承人。如在非遗项目中，包括民俗项目在内都有传承人申报工作，每年都会获得较多的政策支持，这在相当大的程度上避免了传承人缺失的情况。第二，要培养年轻一代的传承人，打破家族传承的限制，摒除"传男不传女"的陈旧思想，只要有能力、有兴趣、能坚持的年轻人，都可以成为乡村民俗文化的学习者与传承者。第三，坚持做好"专业"传承人与"业余"传承人的培养。除了那些专门从事民俗文化工作的人员外，也欢迎社会各界人士学习与传承乡村民俗文化，可以在大学成立乡村民俗文化教研基地，鼓励大学生参与其中；也可以在初高中开设乡村民俗文化兴趣课程，让优秀乡村民俗文化根植于孩子们心中，培养孩子们的兴趣与认同感，为乡村民俗文化的人才培养拓展渠道。如青岛科技大学成立的高密民间艺术研究所，就是以传承和弘扬民间文化艺术为宗旨，融合了艺术学、美学、工学、社会学、民俗学、市场学等学科，是一所集学术研究、人才培养、社会服务、开放创新与产业化于一体的产学相结合的研究机构，具有鲜明的传统文化与时代艺术特色。该研究所聘请多位国家非物质文化遗产传承人、高密市民间艺术家作为特聘创作员，将民间传统文化与艺术设计课程相结合，在民间艺术，包括乡村民俗文化的人才建设方面，作出了新的尝试。

(二) 民俗回归乡土

乡村民俗文化是一种具有差异化特征的文化形态，具有独特性、地域性、不可复制性等特点，即使是相似的民俗形态，如各种节日习俗，也会因地域、材料、传统、传承等因素而呈现出内在的差异性。乡村民俗又是由乡村群众创造并传承的，体现的是乡村群众的文化与生活，具有鲜明的乡土性。正如非遗学博士、广东省非遗研究基地主任谢中元所说："乡村是谁的乡村，民俗是谁的民俗？民俗文化的发展要注重激活村民的内生动力，通过乡村自救和乡村发展，来实现乡村认同。"①因此，让民俗回归乡土，是乡村民俗文化传承与发展的关键问题。我们既要去除那些受商业利益驱使、低级趣味的"伪民俗"，又要去除那些充满形色各异的"洋民俗"，还要摒弃那些封建迷信的、愚昧无知的"落后民俗"。我们要坚持社会主义核心价值观的取向，保持原汁原味的乡土气息，并在科学把握乡村文化建设的前提下，将涉及经济、社会、信仰、游艺等方面且具有地域特色的乡村民俗，以文字、影像、活动等形式保存下来。乡村民俗文化的建设与传承，应得到乡村群众的认同，唤起他们对乡村民俗的记忆，丰富他们的生活，拉近他们之间的感情，营造朴实的生活氛围，让他们回归和睦淳朴的乡村文化生活。这一切都是为了乡村群众，旨在以乡村民俗文化建构乡村独有的文化精神内涵。

（三）融入乡村建设

首先，乡村民俗文化可以与乡村旅游相结合。乡村旅游是近几年逐渐兴起，且热度持续不减的旅游方式。如陕西省礼泉县烟霞镇的袁家村，就是著名的乡村民俗旅游胜地，秦腔、剪纸、皮影戏等民俗形式融入其中，在传承传统民间工艺的同时，带动了乡村旅游，促进了经济发展。其次，乡村民俗文化可以与乡村文创产业相结合。乡村民俗文化的独特性、地域性、不可复制性等特点，与文化产业内容生产所强调的差异化、特色化、本土化有着极大的相关性，将乡村民俗文化元素融入文创，更加符合文创消费的多样化特征，进而打造具有竞争力的乡村民俗文创产品。最后，乡村民俗文化还可以融入乡村的基础设施建设中，促进乡村的可持续发展，如陕西省礼泉县烟霞镇的袁家村，打造了康庄老街、回民街、书院街以及艺术街等诸多特色街道。排列有序、整齐有致的街巷，方方正正、南北布

---

① 郝元峰.乡村民俗文化的现代性危机与传承保护[J].泰山学院学报,2023(5):43.

局的房屋，与该村传承下来的民俗文化紧密结合，保持着古朴自然的村落风貌，彰显着尊重自然、保护环境的建村设计理念。

(四) 科技赋能发展

随着乡村数字化建设的不断完善，科技赋能乡村民俗、实现数字化传承，成为乡村民俗文化发展的又一个趋势。借助科技平台，记录民俗文化、传播民俗文化、发展民俗文化，已经成为当前乡村文化传承与发展工作的重点内容之一。乡村民俗文化的保存，需要数字化技术的支持，其在资料的采集、整理、记录等环节都具有重要作用；乡村民俗文化的体验，也在科技加持下，变得更有吸引力。互联网+、社交媒体、大数据、云计算等新兴信息技术，可以有效扩展乡村民俗传播的空间，助推乡村民俗文化的数字化保存与世代传承。如电子图书馆，可以收集整理某地区的乡村民俗文化资源，形成电子档案；通过增强现实（AR）、虚拟现实（VR）等技术形式，可以实现乡村民俗文化元素的虚拟化，满足远程的乡村民俗文化虚拟体验，打破乡村民俗文化传播的时空限制；通过短视频等形式，可以有效实现优质乡村民俗文化的传播，向更多的人原汁原味地介绍乡村民俗文化，传播乡村民俗活动，宣传乡村民俗风光，讲述乡村民俗故事。

第二章　乡村民俗文化的数字化建设

第一节　保护与留存——乡村民俗文化数字化建设的
核心议题

数字化保护是利用数字化的采集、储存、处理、展示和传播等技术，来保存和再现与乡村民俗文化相关的文献、图案、声音、表演、工艺、技艺和实物等内容。这个过程不仅将乡村民俗文化转化成可共享、可再生的数字形态，而且以新的视角加以解读，新的方式加以保存，新的需求加以利用。规范化的信息采集，使得相关数据资源得到优化整合、归类检索与批量保存，进而实现了对文化数字资源的信息集成和保护管理。同时将乡村民俗文化以数字化形式保存下来，还可以避免其因时间流逝或社会变迁造成的"衰减"或消亡。利用数字多媒体等现代化技术手段，不仅可以全面、真实、系统地记录和呈现乡村民俗文化的原貌，还能够通过互联网等渠道广泛传播乡村民俗文化，这增加了多元化文化互动体验的机会，增强了公众对乡村民俗文化的了解和认识，为后人传承、研究、宣传、利用乡村民俗文化遗产留下了宝贵的资料。

一、乡村民俗文化数字化建设的保护与发展

1989年，在巴黎召开的第二十五届联合国教科文组织大会通过了《保护传统文化和民俗的建议》，提出民俗是构成人类遗产的一部分，是将不同人和社会团体聚到一起并标明其文化身份的一种强有力的手段，对于社会、经济、文化和政治起着重要作用；同时由于民俗的传统形式，特别是那些

与口头传说有关的方面，具有极度的脆弱性和可能失传的危险，因此政府应当在保护民俗中扮演决定性的角色，尽快采取行动，系统制定相关政策措施以保护民俗文化。

（一）非物质文化遗产保护的政策与发展

我国的非物质文化遗产国家级名录将非物质文化遗产分为十大门类，分别为民间文学、传统音乐、传统舞蹈、传统戏剧、曲艺、传统体育、游艺与杂技、传统美术、传统技艺、传统医药和民俗。按照这个分类，民俗是非物质文化遗产类别中的基础文化之一。同时，民俗文化也是随着时间而不断演变发展的，它反过来也包含了非物质文化遗产名录中的一些其他门类。比如中国民间传统节日春节，是一种综合性的民俗文化，包括崇尚、仪式、节日装饰、饮食和相关的娱乐活动，而其中涉及的关东糖、贴春联、年画、剪纸以及踩高跷等活动同时也属于我国非遗名录中的传统技艺、传统美术、传统体育、游艺与杂技等门类。所以民俗文化与其他非物质文化遗产有着密不可分的联系。

国家为系统提升非遗保护传承水平，制定了一系列政策措施，《关于实施中华优秀传统文化传承发展工程的意见》系统地阐述了中华优秀传统文化传承与发展工作。《中国传统工艺振兴计划》要求扩大非物质文化遗产传承人队伍，依托相关高校、企业、机构，帮助传承人提高传承能力，加强传统工艺相关学科专业建设和理论、技术研究。《关于进一步加强非物质文化遗产保护工作的意见》明确提出了当前和今后一段时期非遗保护的总体目标和主要任务。《中华优秀传统文化传承发展工程"十四五"重点项目规划》部署了中华优秀传统文化的传承发展工作，对做好未来5年的传承发展工作提出了具体要求。《"十四五"非物质文化遗产保护规划》提出要进一步加强非遗系统性保护，健全非遗保护传承体系，提高非遗保护传承水平，加大非遗传播普及力度。相关政策基本从非遗信息的采集，从业人员的培养，政策法规的完善，领导队伍的建设，财税金融的支持，乡村非遗的建设等方面推动非遗保护事业的发展。

1.采集非遗信息

相关政策在非遗的调查与采集方面，不断推动以电子化的方式开展调查登记，推进大数据在调查中的应用，提高了调查数据采集的处理效能。同时，提高对非遗相关资料的搜集、整理和数字化处理能力，加强档案数字化建设，制定非遗档案和数据库建设的标准和规范，完善非遗档案和数据库体系，加强资源整合共享，推动构建准确权威、开放共享的公共数字平台，以促进非遗档案和数据资源的社会利用，创造经济价值。

2.培养从业人员

非遗从业人员可大致分为非遗传承人和非遗工作人员两种。在非遗传承人的保护和培养方面，相关政策强调需不断加强非遗传承人的认定和管理，加大对传承人支持扶持力度；实施中国非遗传承人研培计划和非遗传承人技能和艺能提升计划，培养高质量传统工艺传承人队伍；推动传统传承方式和现代教育体系相结合，创新传承人培养方式，鼓励支持高校毕业生参与非遗保护传承工作。在非遗工作人员方面，建立非遗保护管理人员培训机制，定期开展业务培训；同时对所有非遗从业人员进行新媒体相关知识的培训，支持相关行业组织统筹直播、短视频、社交等平台力量，组织开展非遗传播培训、策划专题等多样化活动。

3.完善政策法规

在产权保护方面，国家不断推动修订、出台相关法律法规，持续完善非遗保护法律法规体系。2011年2月25日，第十一届全国人民代表大会常务委员会第十九次会议通过《中华人民共和国非物质文化遗产法》，自2011年6月1日起施行。该法推动了各地制定完善地方非遗保护条例、非遗保护专项规章。国家不断加强普法教育，开展对法律法规实施情况的监督检查；加强非遗知识产权保护的研究和探索，综合运用著作权、商标权、专利权、地理标志等多种手段，建立非遗获取和惠益分享保护制度；加强非遗数据采集、展示展演等方面的标准化研究，推动制定完善相关标准；确保非遗数字化产品的合法权益得到保障，如对于未经授权擅自使用、复制、传播数字化产品的行为，依法予以打击和制裁。

4.领导队伍建设

各级党委和政府依法明确非遗管理职能部门，发挥行业组织作用，鼓励合理、合法利用非遗资源，引导社会力量参与非遗保护传承工作；建立非遗保护管理人员培训机制，鼓励高校、科研机构开设非遗相关专业、课程，培养非遗保护管理人才。完善非遗保护专业技术职称评审制度，充分发挥高校、科研机构专家学者的作用，建立非遗保护的专家咨询机制。

5.财税金融支持

《关于进一步加强非物质文化遗产保护工作的意见》中强调，推动县级以上人民政府依法把非遗保护经费列入财政预算；支持非物质文化遗产相关企业按规定享受税收优惠政策；鼓励和引导金融机构继续改善和加强对非遗的金融服务；健全多元投入机制，支持和引导公民、法人和其他组织以捐赠、资助、依法设立基金会等形式参与非遗保护。

6.乡村非遗建设

在乡村非遗建设方面，相关政策提出在非遗区域性整体保护中挖掘中国民间文化艺术之乡、中国传统村落、中国美丽休闲乡村、全国乡村旅游重点村、历史文化名城名镇名村中的非遗资源，提升乡土文化内涵；加强中国传统村落非遗保护，加强当地村民及其生活方式的保护和延续，培育非遗传承人，扩大非遗传承人群，促进民俗、村规民约的传承与发展；深入挖掘乡村旅游消费潜力，支持利用非遗资源发展乡村旅游等业态，将非物质文化遗产保护与美丽乡村建设、农耕文化保护相结合，保护文化传统，守住文化根脉。

（二）乡村文化保护的政策与发展

民族要复兴，乡村必振兴。文化振兴，是乡村振兴的灵魂。实施乡村振兴战略，是党的十九大作出的重大决策部署。为促进乡村民俗文化的保护与发展，党的十九大以来，党中央围绕实施乡村振兴战略作出一系列重大部署，出台一系列政策举措，提供资金支持，鼓励科研机构、高校和民间组织参与乡村民俗文化的数字化保护工作。2018年1月，中共中央、国务院在《关于实施乡村振兴战略的意见》中指出，传承发展提升农村优秀传统文化要切实保护好优秀农耕文化遗产，保护好文物古迹、传统村落、民族村寨、传统建筑、农业遗迹、灌溉工程遗产，支持农村地区优秀戏曲曲艺、少数民族文化、民间文化等传承发展。2018 年 9 月，中共中央、国务院印发的《乡村振兴战略规划（2018—2022 年）》中提出要大力推动农村地区实施传统工艺振兴计划，积极开发传统节日文化用品和武术、戏曲、舞龙、舞狮、锣鼓等民间艺术、民俗表演项目，促进文化资源与现代消费需求有效对接，促进乡村文化与其他产业深度融合、创新发展。2022 年 1 月，《中共中央　国务院关于做好 2022 年全面推进乡村振兴重点工作的意见》中提出启动实施文化产业赋能乡村振兴计划，创新农村精神文明建设有效平台载体，继续加强农耕文化传承保护，推进非物质文化遗产和重要农业文化遗产保护利用。2023 年 2 月，在《中共中央　国务院关于做好 2023 年全面推进乡村振兴重点工作的意见》中则新增深入实施数字乡村发展行动，推动数字化应用场景研发推广，加快农业农村大数据应用，推进智慧农业发展等内容。2024 年 2 月，《中共中央　国务院关于学习运用"千村示范、万村整治"工程经验有力有效推进乡村全面振兴的意见》中指出：要加强乡村优秀传统文化保护传承和创新发展；强化农业文化遗产、农村非物质文化遗产挖掘整理和保护利用，实施乡村文物保护工程。因此，在乡村振兴战略实施发展过程中，乡村文化的建设始终处于重要位置，同时也逐步形成了一条乡村民俗数字文化产业发展之路。

（三）数字文化产业的政策与发展

当前数字化政策的重点在于提高公共文化数字化水平。"数字化"是文化产业发展方式的重要转型，是文化基础设施的全面升级。党的十八大以来，以习近平同志为核心的党中央深刻把握了信息时代背景下中国特色社会主义文化建设的特点和规律，加快完善数字信息基础设施体系，统筹推进 5G 通信技术、数据中心、卫星互联网和物联网等建设发展，以数字技术赋能文化发展，为经济社会高质量发展提供有力支撑。科技与文化的融合，产生了具有鲜明时代印记的数字文化，数字文化产业也逐渐成为乡村民俗文化保护发展的重要形式。2017年，文化部印发《关于推动数字文化产业创新发展的指导意见》，业界反响热烈，在全社会形成了推动数字文化产业创新发展的新风向，引导和促进了数字文化产业发展。而后时隔三年，文化和旅游部再次出台《关于推动数字文化产业高质量发展的意见》，专门提出"培育数字文化产业新型业态"，从促进优秀文化资源数字化、培育云演艺业态、丰富云展览业态、发展沉浸式业态、提升数字文化装备实力等方面，明确新型业态培育的主要措施和重点领域，引导业界对新兴领域进行开拓创新，让创新潜力充分涌流，数字文化产业又迎来新一轮大发展。2021年3月，《中华人民共和国国民经济和社会发展第十四个五年规划和2035年远景目标纲要》明确提出，要"创新实施文化惠民工程，提升基层综合性文化服务中心功能，广泛开展群众性文化活动。同时，加强实施文化产业数字化战略，加快数字化发展"，这表明了国家对乡村文化建设和数字化发展的重视。2022年1月，国务院关于印发《"十四五"数字经济发展规划》的通知中指出，数字化的发展正推动生产方式、生活方式和治理方式深刻变革，成为重组全球要素资源、重塑全球经济结构、改变全球竞争格局的关键力量。2022年5月，中共中央办公厅、国务院办公厅印发的《关于推进实施国家文化数字化战略的意见》明确提出，统筹利用文化领域已建或在建数字化工程和数据库所形成的成果，关联形成中华文化数据库；到"十四五"时期末，基本建成文化数字化基础设施和服务平台，形成线上线下融合互动、立体覆盖的文化服务供给体系；到2035年，建成物理分布、逻辑关联、快速链接、高效搜索、全面共享、重点集成的国家文化大数据体系。2022年8月，中共中央办公厅、国务院办公厅印发的《"十四五"文化发展规划》明确提出，开展"互联网+中华文明"行动计划，推进数字文化资源进乡村，以实现将优秀文化资源转化为乡村永续发展的优质资产，推动文化资源的全民共享和创造性转化、创新性发展，实现乡村文化建设与经济社会发展良性互促，促进乡村文化振兴。

（四）行业标准的发展

行业标准的不断完善，也为我国数字文化产业进一步创新发展打下坚实基础。2019年12月，我国自主原创的数字艺术显示标准正式由国际电信联盟批准为国际标准，充分体现了我国在数字艺术显示领域的国际领先地位，也填补了数字艺术显示领域国际标准的空白。2023年6月，文化和旅游部批准发布了《非物质文化遗产数字化保护数字资源采集和著录》系列行业标准，用于指导和规范非物质文化遗产数字化保护工作中的数字资源采集和著录工作，确立了非物质文化遗产数字资源采集、数字资源著录的工作内容和要求，包括采集方案编制、采集实施、数字资源著录等方面的要求，可为乡村民俗文化的数字化采集和著录工作的开展提供依据和指导，有效提高乡村民俗文化数字资源信息采集著录工作的效率和质量。

二、乡村民俗文化数字化建设的留存与价值

乡村民俗文化的初衷多是采用群众喜爱的艺术形式解决现实问题，它能通过集体活动对人们产生潜移默化的影响，能够倡导文化认同、内化伦理规范，有助于促进社会和谐。乡村民俗文化是中华民族传统文化的重要组成部分，它承载着丰富的历史信息、地方特色和民族情感，其留存具有深远的意义。全国各地也在数字化建设乡村民俗文化留存传承实践中，不断探索出新思路，并产生了新的时代意义。

（一）引领社会价值

在具有红色文化资源的乡村地域，利用好当地革命历史文化及优秀的乡村民俗文化等优势，运用数字化技术，传承弘扬乡村家风文化，深入挖掘乡村文化故事，对红色遗迹加强保护与合理开发，将民俗节日文化与红色文化紧密结合，以乡村振兴实践为传统节日文化注入红色基因。这样的文化活动既与村民生产生活相关又符合村民的文化习惯，还传承了传统红色文化和地方村落文化，既贴近生活又具有活力，弘扬了乡村社会优秀的

传统价值观，推动了传统民俗文化助力培育乡村文明风尚，为社会主义文化建设提供精神力量。

山西省推出的"走向胜利"红色旅游路线，两端分别连接的是延安和西柏坡，是中国革命从农村包围城市，走向胜利的见证。这条路线沿线古时候就是北方游牧民族和汉民族的缓冲地带，沿途依然完整保存了像广武古城这样民俗鲜明的古朴小镇。山西省利用数字技术思维和互联网思维，强化对内涵意义空间的构建，根据互联网用户的消费习惯，利用大数据和网络云端的分析，逐渐有针对性地推出层次丰富且种类多样化的文创产品。以"走向胜利"为核心主题，附加"山西民俗""雁北风情"等文化元素，形成品牌效应，构成新的产业格局。在该项目中，通过自然和人文景观的数字联动，民俗与乡土的数字化体验，不断推进数字与文化的融合，增强了乡村民俗文化的体验感知[①]。红色文化资源在新的历史时期具有重要的宣传教育、文化传承的价值和作用。加之红色资源多分布在偏远乡村地区，若能将本地红色文化与民俗文化相互融合，做好文旅发展规划，并结合时代发展改革创新，不仅能够带动沿途农业产业发展，提高乡村农民收入，而且对于弘扬社会主义核心价值观和青少年的教育工作都具有重要意义。

（二）助力乡村治理

习近平总书记强调："一个国家的治理体系和治理能力是与这个国家的历史传承和文化传统密切相关的。解决中国的问题只能在中国大地上探寻适合自己的道路和办法。"乡村治理是国家治理的基石，维护推动社会稳定发展的根基在于乡村。根植于乡土的民俗文化已经深深嵌入乡村社会生活的方方面面。深入挖掘民俗文化中与现代乡村治理相适应的传统文化价值理念，可有效减弱村民对现代社会治理所产生的抗拒心理，找出民俗文化与现代治理之间的契合点，从而推演出乡村居民内心深处容易接受的乡村治理模式。通过基层党组织、民间社会组织等多方面的关联互动，民俗文

---

① 张树锋.文旅融合视阈下山西"走向胜利"红色线路数字化发展探析[J].产业创新研究，2023（7）：110-112.

化可以发挥出助力现代乡村治理的独特功能。

例如，江西赣州宁都县客家中村的中村傩戏，在当地村民的日常生活中，傩戏作为客家中村的一种重要的民俗文化形式而存在，而傩戏的建构是建立在傩班理事们主动对接国家权力体系的结果。中村傩戏的数字活化研究赋予了中村傩戏新的生命活力。通过数字技术，中村傩戏的表演和传统元素得到了真实可靠的记录和保存。通过虚拟现实技术，观众能够身临其境地体验中村傩戏中所蕴含的文化观念，感受其独特的艺术魅力。同时，数字化还可以让中村傩戏突破时间和空间的限制，让更多观众群体接触到其文化魅力。傩班通过这种戏拟仪式及其在社会中的文化认同，培养了村民的参与感，增强了村民之间的凝聚力与向心力，唤醒了客家中村人的自我认同意识，并获得了当地政府的认同和许可，甚至经济支持。傩班以文化组织的形式不断参与和发挥社会关系的调适作用，在当地具有一定的权威性和良好的声誉[①]。

（三）培养创新人才

乡村民俗数字文化建设，人才培养是关键。文化的数字化技术革新对乡村文化从业者的数字素养提出了更高的要求。在推进乡村民俗文化保护工作中，需要不断创新工作思路和方法，加大人才培养，激活内生动力。通过政策、资金倾斜，强化传承人队伍建设。目前乡村民俗文化从业者特别是传承人普遍缺乏数字科技知识和背景，在很大程度上减缓了乡村民俗文化利用数字化保护及创新发展的进程。乡村民俗数字文化建设，需要有一批具有数字化思维的人才队伍，以专业化服务助力乡村民俗文化数字化发展。因此，我们需要提高对数字人才培养的重视度，增加培养资源投入，通过高等教育、专项培训、跨领域培养等方式扩大乡村民俗文化教育培训的受众范围，培养出一批又一批具有数字化技能和素养的数字技术人才，并通过优秀人才的示范效应带动更多乡村数字人才的培养，让更多热情高、

[①] 廖上兰,吴玉华,肖锋,等.民俗体育参与乡村治理的机制及路径研究[J].体育科学,2020(11):31-41.

视野广、思维阔、技术强的综合型青年人才加入乡村民俗文化数字化发展的行业中来。同时，积极推动有特色、有创意的乡村民俗数字文化内容生产、乡村民俗文化传播等数字化生态圈的构建。通过制定鼓励支持政策，以支持创业、就业等方式，激励一些从乡村走出去的大学生和在外务工有能力的年轻人返乡，投身乡村民俗数字文化建设，提升乡村民俗数字技术使用能力，激发乡村民俗文化创新活力，成为传播乡村民俗文化的生力军。2022年，重庆市人力资源和社会保障局印发《关于实施数字技术工程师培育项目的通知》提出，2022—2030年，重庆市将围绕人工智能、物联网、大数据、云计算、数字化管理等数字技术领域，每年计划培养培训3000人左右，不断壮大数字技术工程师队伍。

江西省景德镇市浮梁县与清华大学文化创意发展研究院合作首创了乡创特派员制度。该制度通过在县、乡（镇）、行政村各个层级完善管理机制，建立浮梁乡创学院和浮梁乡创联盟，为人才引进和培训搭建孵化平台，为浮梁县人才激励政策筑牢保障，面向全国招募致力于乡村振兴的创客人才，统一选派到有需求的行政村服务。此外，浮梁县积极推进党建引领乡创工作，强化金融支持，筹备成立乡创发展基金，对乡创特派员创办的企业或优秀项目给予资金支持，推出个人信贷、项目贷款两种"乡创贷"，并从政策保障、税收优惠等方面给予支持。乡创特派员制度以人才导入为抓手，以激活乡土文化和特色自然资源为切口，以文创、文旅、科创等跨界融合推进本地产业振兴为落脚点，致力于以新理念推动实践创新、业态创新、项目创新的乡村发展实验和行动，最终活化了当地特色文化，充分发挥了引进人才的价值作用，打开了乡村干部群众的思维与视野，调动了群众的积极性、主动性、创造性，激发引领了乡村发展内生动力。

（四）优化文化服务

乡村民俗文化开展数字化保护，不仅能使各类民俗得以保存和传承，还可为公众提供快捷的智能化信息传播服务，从而形成全民参与的乡村民俗文化保护模式①。民俗文化可借助大数据、物联网、云计算等现代信息技术建立公共文化服务平台和公共文化服务技术支撑系统，实现由实体向虚拟的扩展路径，为群众提供方便、快捷、高效的数字文化服务。尤其在乡村地区，应加强网络文化阵地的建设，推进乡村数字图书馆、乡村数字文化馆、乡村文化网上展馆、乡村旅游网上展馆、数字课堂等项目的建设。同时，当地政府可以与相关单位合作，及时更新发布村史村风、教育培训等数字资源，并策划开展民间民俗艺术等农村群众喜爱的网络展演和选秀活动，打造简便、高效、便捷、资源丰富、服务规范的乡村网络文化服务集群。

2019年，浙江丽水建设了全国首家"乡村春晚"主题数字文化馆——莲都区数字文化馆。该文化馆整合群众文化活动和全民艺术数字资源，打造了"乡村村晚"等一批特色数字文化资源，搭建了线上数字服务平台，建立了乡村春晚帮扶、春晚免费培训、实时观看的大数据体系，形成了线上线下融合的数字文化服务新模式，有效促进了地方公共服务水平的提升。2021年初，莲都区正式发布了由区文化馆起草的《数字文化馆建设与服务规范》地方标准。该标准系全国首个数字文化馆建设与服务地方标准，对指导依托数字化技术，建设文化馆业务职能服务的线上线下联通互动系统，构建现代公共文化服务体系提供了重要支撑。莲都区立足实践，固化符合实际、行之有效的建设方法、服务手段，以地方标准的形式推广复制"莲都经验"，对数字化普及和传播传统文化影响深远。乡村民俗文化的数字化形式的保护与开发缩短了乡村民俗文化与公众的距离，为乡村民俗文化的传播提供了沃土。

（五）融合产业发展

乡村民俗文化作为乡村文化的基本组成部分，是文旅融合的宝贵资源，对文旅产业的差异化和高质化发展有着不可替代的作用。乡村民俗文化旅

---

① 刘勐,胡文静,郭玮.国内非物质文化遗产数字化保护经验及启示[J].甘肃科技,2018（23）:77-80.

游是依托乡村民俗文化，以旅游为目的的物质活动与精神活动的总和。乡村民俗文旅融合的主要维度包括理念融合、资源融合、产品融合、业态融合、市场融合、服务融合等。基于乡村民俗文化的特性使得乡村民俗文旅融合与一般意义上的文旅融合相比，在地域性、独特性、生活性、伦理性等方面更为突出，满足了游客"求新、求异、求乐、求知"的多种心理需求。乡村民俗文化旅游作为新兴的旅游模式，逐渐成为旅游业中一个重要的增长领域。将乡村民俗文化的数字化建设与文化旅游融合发展，搭建文旅融合平台载体，充分利用乡村的自然资源和人文优势，坚持政府主导、市场运作、企业参与的原则，推出一批具有融合特色的活动，实现双赢，这已成为当前各地研究实践的热点话题之一①。

"行走河南·读懂中国"是2021年《河南省"十四五"文化旅游融合发展规划》中制定的文化旅游品牌。该规划聚焦数字文旅、演艺娱乐、动漫产业等方向，以创意和科技与文化旅游的结合为新内容，着力打造中华文化标志性品牌，推动文创产业发展，培育乡村旅游示范村、文化产业特色村等新兴业态，用数字活化文化、展示文化、诠释文化，开拓出新的文化旅游消费领域及推广体系，以河南历史文化资源为基底赋能地域文化、旅游、文创产业融合发展。2024年春节期间，河南文化旅游系统统筹全省五大区域，实现县区联动和城乡互动，围绕传统文化、主题灯会、民俗市集、沉浸式演艺等主题，以"一城一特色"差异化原则，开启"春满中原·老家河南"主题活动。其中，鹤壁市依托浚县已有1600多年历史的正月古庙会，举办第十六届中国（鹤壁）民俗文化节，以浓厚的传统节日氛围和丰富的乡村民俗文化，吸引了大量游客参观游览，有效促进了当地旅游产业的发展，也提升了中原文化影响力。

① 李修超.乡村民俗文化和旅游业融合发展研究：以河南省为例[J].河南科技学院学报,2023(9):46-52.

第二节　真实呈现——数字纪录影像

一、数字纪录影像概述

纪录片作为一种活动影像，最开始是用电影胶片拍摄的，后来则用模拟录像、数字技术拍摄而成[①]。在数字技术加持下，数字纪录影像有别于传统纪录影像。从技术原理上来说，数字影像就是以数字技术和设备摄制、制作存储，并通过卫星、光纤、磁盘、光盘等物理媒体传送，将数字信号还原成符合影像技术标准的影像与声音后放映在银幕或荧屏上的影像作品。简单来讲，数字影像指数字化的电影、电视影像或直接在计算机中通过数字影像软件制作的影像。而所谓数字纪录影像，就是采用数字设备拍摄，或者在制作过程中采用计算机图形技术生成纪录影像。其从影像的产生、处理、合成到复制等过程都是数字链信号，以数字文件形式发行或通过网络、卫星直接传送到公共或个人等终端用户。

不管构成这种影像的材质如何随着工业技术的发展而变化，它都是一种活动影像的传播媒介，具有该媒介所有的艺术特征。由此我们可以推断，纪录片是运用直接性语言的转喻文体与间接性语言的隐喻文体，展开对历史现实的影像叙述，具有独特的时空结构与多样化的表现手段[②]。纪录片具有现实的客观性与还原现实的主观性双重属性，是一种忠于客体的主观影像化表达。纪录片属于古老的电影形态，具有与虚构类故事电影同样的活动影像媒介属性，它区别于虚构类故事电影的核心在于对"自然素材的创造性使用"。基于这个前提，纪录片历经百年探索，逐渐发展成为具有独立美学特点的非虚构电影类型。

纪录影像是以媒介影像的纪实方式，在多视野的文化价值坐标中寻求立足点，对社会环境、自然环境与人的生存关系进行观察和描述，以实现

---

① 陶涛.电视纪录片创作[M].北京:中国电影出版社,2004:35.
② 陶涛.影像书写历史:纪录片参与的历史写作[M].北京:中国电影出版社,2015:93.

对人的生存意义的探寻和关怀的文体形式①。纪录片是创作者客观、公正地对自然素材进行创造性使用而形成的一种活动影像媒介形式，其创作目的是回顾过去、关注当下、预见未来。纪录片观察与再现世界，旨在展示现实表象、揭示事实本质的同时，承担起社会媒介的责任。纪录片自身构建了一个道德框架，代表公众的利益，树立社会的良知，对人类的未来负责。在这种拍摄和展播特征下，纪录影像成为传承和传播民俗文化、重塑非遗民俗的呈现形态、发挥民俗社会教育与公共传播价值的关键形式和重要力量②。民俗纪录片本身即对民俗的历史性注释，它将现实通过影像展现给观众，引起他们对自己生活的反思或反省，找到与影片产生共鸣的地方，从中看到自己被反射或折射的形象③。因此，纪录片创作者不应止步于追求个人的艺术表达，而要对现实世界有所担当，立志于讲一个有关真实世界的好故事，以启迪人类心灵。纪录片通过记录历史现实，以实证的精神展开诗性的影像化表述，创造了科学与艺术、叙述与事实、主观与客观的和谐统一。

二、数字纪录影像的特点

在乡村民俗文化的保护、留存与传承上，数字纪录影像扮演着至关重要的角色，以下是数字纪录影像的特点。

（一）真实的根基性

传统纪录片具有深远的影像历史价值，数字纪录片由于虚拟元素的加入，其客观真实性大打折扣，可信度受到怀疑，在档案价值上要逊于传统纪录片。但纪录片的本体属性始终围绕着"对现实的反映"和"对现实的创造性处理"这两个相互对应的特性。数字纪录片中数字技术的加工也属

---

① 吕新雨.中国纪录片:观念与价值[J].现代传播(北京广播学院学报),1997(3):57-61.

② 王树良,巴亚岭."记录我们自己":民俗纪录片的叙事转向与传播空间——基于《年画·画年》系列纪录片的考察[J].电视研究,2022(4):77-79.

③ 张举文.民俗影视记录与数字时代的民俗学研究[J].民间文化论坛,2021(3):5-13.

于"对现实的创造性处理"的范畴，所以我们仍能得知，数字纪录片仍是一种伴随科技发展的、对人类历史和现实有着重要思考价值的文化形态，它通过影像的形式探索历史、记录今天、预示未来①。数字纪录影像对于乡村民俗文化的留存具有一定真实的根基性。由中央电视台中华民族栏目摄制的纪录片《生命的礼仪》，较为全面地介绍了甘肃肃南县裕固族的剃头礼。裕固族在孩子三岁时，要按传统习俗给孩子举行第一次剃头仪式。仪式涵盖了裕固族口述文学、音乐舞蹈、民俗风情、禁忌习俗、生产习俗，以及宗教信仰、社会环境和思想观念等方面的内容。剃头礼是游牧民族较为普遍的人生礼仪，蒙古族、裕固族、柯尔克孜族等都有类似礼仪。裕固族剃头礼独具特色，包含着丰富的文化信息，故而成为民族文化的明显标志之一，被列入甘肃省省级非物质文化遗产保护名录。纪录片能较为完整地保留及呈现真实的民俗风貌，其对乡村民俗文化的写照使之得到了更长久的留存，同时民俗元素的汇入也为非遗历史文化纪录片增添了浓厚的民俗性②。类似这样的纪录片还有很多，如《大西南凯歌》《成渝铁路》《中国西南行》等，展现了西南地区少数民族的生活和艺术面貌。重庆少数民族题材纪录片也散见于中央及地方电视台栏目中，如《远方的家》《彭水：苗族民歌之乡》《土家人情怀》。纪录片在记录民俗艺术文化及其生存现状的同时，也促使我们思考如何有效地传承和保护传统民俗艺术③。

（二）虚拟还原性

在制作上，数字纪录影像呈现了用虚拟增强现实的特征，能够有效还原已经不复存在的乡村民俗的场景及过程。一直以来，纪录片在展现过去时，往往面临着拍摄对象已经逝去而无法获取影像的问题，而过去的影像又不易留存，特别是没有影像记录的年代，历史影像资料的寻找变得困难。

---

① 罗以澄,张昌旭.数字纪录片:在真实与虚构之间[J].中国广播电视学刊,2008(3):53-55.

② 何瑶,张宇铮,何春耕.数字时代我国非遗纪录片的创新特征[J].新闻世界,2023(5):45-48.

③ 秦臻.民俗艺术数字影像档案记录与理论研究[J].新闻研究导刊,2020(16):13-14.

数字纪录影像可以在追求表现乡村民俗文化主观真实存在的情况下，利用计算机数字技术，对已经不存在的人物和场景做虚拟再现，并将实景拍摄和电脑虚拟相结合，全部或部分代替现实社会不存在的、无法复原的视觉景观。数字纪录影像还可以采用更加灵活甚至超越客观现实的场景呈现，使得影片时空有了新的、合乎逻辑真实的延伸①。它的呈现包括各种视频资料、时间见证人以及民俗领域的研究专家等。数字技术的运用极大地丰富了大型高清纪录影像的视觉效果，为观众带来了震撼的观看体验，同时也拓展了叙述的时空范围。通过超现实的模拟场景和历史的逼真复原，这些纪录片能够带领观众穿越时空，体验厚重的历史。大型纪录片《大运河》从春秋时期吴王夫差开掘邗沟开始，讲述了在约2500年的历史长河里，大运河流淌的故事与积淀的民俗文化。该影片在展现大运河历史场景的一些镜头中采用了计算机技术处理进行情景再现，最大限度地还原了大运河的原始风貌。纪录片在表达民俗文化的过程中，可以在一定程度上满足部分观众获取历史知识的需求。创作者们通过对民俗历史的阐释，带给观众对过往的思辨和深层的内心满足感。历史影像不会对民俗现实造成直接的干预，但为观众重构了民俗事实。所以经过数字化处理的影像重现，对于大众理解与认同乡村民俗文化具有重要意义，能够启发思考并进行检视。

（三）多元传播性

随着近年来数字化摄像与摄影技术和设备的逐步发展，展示影像作品的平台也日益多样化，且更易于普通民众使用，这极大降低了乡村民俗影像的制作门槛和传播成本。在全媒体环境下，观众与作者的角色边界逐渐模糊，这催生了纪录片观众的参与心理和主体意识，也意味着民众可以自发"记录我们自己"，而不仅仅是"被记录"，同时纪录片所聚焦的视点也愈发多元。民俗活动的实践空间随着媒介技术的更新迭代发生了转移。日常的人情交往、信息交流、文化传播等活动更多地在社交媒体中呈现，具

①苏淑洁.类型学视角下数字纪录片的选题与叙事策略研究[D].曲阜:曲阜师范大学，2011.

有后现代特征的短视频平台成为民俗活动践行现代转换与创新的"试验舞台"①。尤其在乡村地区,手机对于民俗影像的取材录制、剪辑与传播操作更加便捷化和智能化,各大短视频播放平台的市场下沉,使得更多的乡村群众自发参与民俗影像制作与传播中。短视频具有轻量化、碎片化、多元化的传播特性,已经逐渐成为涵盖综合视频、音乐、游戏等在内的全民娱乐。拥有众多用户生产内容模式的短视频以自我呈现和记录的方式,深度嵌入乡村大众生活,为真实世界中的民俗活动构建出了文化共享与情感连接的拟态空间,重构了民俗活动的展演、互动和传播的形式,从不同的时间与空间为用户带来文化体验,在实现情感共鸣的过程中激发集体认同感,在数字时代的语境中实现民俗文化的传播。"游神"是我国东南沿海地区的一种传统的乡村民俗活动,以闽、粤最盛,也称"迎神""抬神像""神像出巡"等。"游神"是指人们在新年或其他喜庆节日里,到神庙将行身神像请进神轿里,然后抬出庙宇游境,接受民众的香火膜拜,以祈求国泰民安、风调雨顺。在抖音短视频播放平台上,"福建游神"这一话题有26.7万人参与,播放量高达95.4亿次,火爆程度可见一斑。短视频为福建游神带来了巨大的曝光量,同时社交媒介的改变让这个民俗活动以更广泛、更灵活的姿态融入更多的年轻群体中,为乡村民俗文化的留存和传播带来多角度的表达与多样化的呈现方式。

---

① 林雅婷,李芸."在场"与"出圈":民俗活动在短视频平台的再生产——以闽南地区"游神"为例[J].西部广播电视,2023(6):93-95.

第三节　形象艺术——数字影视动画

一、数字影视动画概述

（一）动画概述

一般来讲，动画是创造生命力的技术和手段，使得原本没有生命的形象获得生命与性格。作为叙事手段，动画能让人感动；作为审美功能，动画能够创造动态美学奇迹；作为制作手段，动画的影像构成元素具有无穷的表现力。它的形象可以用绘画、漫画、装饰、抽象等来表现，既可以是平面的假定空间形象，又可以是立体的真实空间形象[①]。

动画作为一种特殊的艺术表现形式，随着现代科技的进步，人们发现和认识到它是利用人类眼睛生理上"视觉暂留"的现象，将一幅幅静止的画面连续播放，使其看起来像是在动，因此将其归类为电影艺术。例如，传统动画片就是用画笔画出一张张连续的静态画面，经由摄像机逐格拍摄并进行组合，然后以每秒钟24帧的速度连续放映或播映，这时静态的画面就在银幕上或荧屏里活动起来[②]。

李鹏在《动画概念刍议》中将动画的概念最终定义为"以拟构手段合成造型拟在运动的影像表述方式"，他认为动画作为一种表述方式，其最主要的表现形态是动画影像。动画影像与游戏影像相比，更多地呈现了一种相对封闭的"接受体验"形态，电影影像与动画影像相比，电影影像更多地呈现了复制现实的特性，而动画影像则更多地呈现了虚拟的特性。也就是说，动画影像的本质是虚拟的动态影像，即动画影像本质上具有虚拟性[③]。

---

① 曲朋.动画概论[M].大连:辽宁师范大学出版社,2008:5.

② 阙镭.动画概论[M].北京:兵器工业出版社,2012:1.

③ 李鹏.动画概念刍议[J].当代动画,2020(2):36-41.

（二）动画影视概述

动画影视是电影的一种特殊类型，它同电影一样属于视听艺术范畴。动画影视是运用活动图画来表现戏剧情节的电影片，不再只是简单的"活动图画"，而是将绘画艺术和电影技艺相结合，成为以绘画和电影两个基本要素构成的、具有电影思维和语言的运动绘画艺术，是一种独特的、综合性的影片形式。动画显现出的艺术性首先源于绘画，其次源于电影，美术的特征仍是动画的第一要义。而动画艺术创作又有着天然的动态属性，可以通过视觉元素产生丰富多样的艺术特征，并在解构与重建中形成完整统一的视觉符号。影视动画是以绘画或者其他造型艺术形式作为人物造型和场景造型的主要表现手段，运用夸张、变形的手法，借助幻想、想象、象征来反映人们的生活、理想和愿望，是一种高度假定性的影视艺术。从形式上看，动画片的艺术性要强于剧情片和纪录片。如果说新闻纪录片是纪实的影片，剧情片是虚拟纪实的影片，那么动画片则是彻底虚拟的影片。对于新闻纪录片来说，它记录的是客观世界；对于剧情片来说，它记录的是一个假定的或者说模拟的客观世界；而对于动画片来说，它记录的则是同客观世界没有关系的、艺术化的虚拟世界。影视动画更多地呈现出绘画美术性、动态叙事性和虚拟假定性，在交互体验上，则更倾向一种相对封闭的被动接受的体验形式。

（三）动画影视的常见类型

动画影视的常见类型有二维动画片、偶类片、剪纸片、合成片以及三维动画片。二维动画片以绘画为主要形式，常用的制作方法为"单线平涂"，是最常见的动画影视类型。偶类片以雕塑为主要表现形式，具有三维空间特点，制作成本一般比动画片（二维）低很多，但是由于受到材料和空间物理形态的制约，偶类片中"人物"动作不够灵活和夸张，也很难高度还原自然动作。西方有提线木偶，我国有布袋木偶、杖头木偶等多种不同的偶戏。随着技术的进步，偶戏的机械装置越来越灵活，再加上演出地点和时间的灵活性，偶类片对儿童有着很大的吸引力。除此之外，偶戏作为一种非物质文化遗产，正越来越多地受到政府和文化机构的保护。剪纸片是受中国剪纸和皮影艺术的影响所产生的一种来源于中国本土的片种，同样也属于非物质文化遗产范畴，平面镂空的特点使它装饰性极强。还有一种是动画与真人影视合成的影片，动画处于次要的辅助作用，这种合成片将真实同虚幻两种不同的艺术形式结合在一起，给人一种幻想与现实相融合的新鲜感[①]。最后一种是现今发展较为迅速的电脑制作的三维动画片。相较于二维动画片，三维动画片具备三维空间特征，比偶类片的人物形象和动作更加细腻。由于技术特征，其制作门槛和成本都有所降低，同时视觉表现效果也更加多样化。

随着社会的进步与发展，电影在技术与艺术上有了很大的变化，动画的技巧与艺术性也有了很大的扩展。创作者们运用各种手段、技术、材料来创作动画，表现手法和形式越来越多样。现今所谓"动画片"，不仅包括以上形式，还包括所有以平面或立体美术形式所制作的影片，例如油画、版画、水墨、沙子、黏土、折纸等各种表现形式。

（四）数字动画技术

动画技术的第一次重要迭代是动画技术的数字化。以动画制作的视觉基础单位为例，一帧动画画面从手工生产的纸质动画到多图层的"赛璐璐"动画，再到数字化的"无纸动画"，动画的画面清晰度、生产流程效率与最终效果呈现革命性的发展。而三维动画生产流程则颠覆了二维动画的传统思维。三维动画提供了更为拟真的画面体验与更加经济理性的产业规模，因此成为动画媒介的主要发展方向。游戏动画、交互动画、元宇宙动画等新概念动画技术都是基于"数字化"革命的三维动画发展而来。科学技术带给人们越来越多的感官体验。数字动画是依靠数字技术制作呈现的动画，属于数字技术与传统动画相结合的新媒体动画，既具备新媒体动画的传播

---

① 聂欣如.动画概论[M].上海：复旦大学出版社，2006：24-28.

特征和表征形式，又具备传统动画的造型特征和叙事能力①。数字媒体技术可以更加立体直观地呈现出动画作品，使得画面效果活泼生动，带给人们良好的观看体验②。

相较于普通的影视作品，数字影视动画具有更广阔的思维想象空间，具有不受各种因素限制的多种多样的表现手法。它可以突破时间和空间的限制，将人脑中想象的世界转化为具象的活动。其夸张的造型语言、多样的叙事风格，能够发挥出良好的传情达意功能，集艺术性与思想性于一体，为人们带来了独特的视听体验和多样化的审美体验。将数字动画技术应用于乡村民俗文化的保护传承，具有强大的艺术探讨空间和技术表现潜力。

（五）民俗题材类动画

民俗文化在我国动画作品中的艺术呈现与我国动画发展的步伐紧密相连，二者从一开始就有着密切的关系。我国早期传统的动画影视作品，不仅在动画题材上汲取传统民俗文化，对内容进行了创新尝试，大量采用中国传统的民间故事和神话传说，还在表现手法上极具多样化，采用了水墨、木偶、皮影、剪纸等中国特有的艺术形式。传统民俗元素的运用不仅使我国动画电影经历了一段无比辉煌的时期，也对中国各民族民俗文化起到了良好的传播作用。例如1988年，上海美术电影制片厂出品的动画《山水情》，邀请著名国画大师吴山明和卓鹤军先生担任场景设计师，将中国画的诗画意境和清逸笔锋表现得淋漓尽致。

虽然我国动画在后续的发展中进入了相当长的低迷期，但是近年来，随着数字技术的广泛应用，我国动画影视的制作水准和品质也有较大提升，在题材多样化、人物立体化、叙事多元化、风格民族化等方面取得显著进步，民俗文化再次成为国产动画影视作品的题材内容或者表现形式之一。民俗文化不仅使国产动画电影呈现出鲜明的民俗特色和民族风格，而且提

---

① 荀劲松,谭书晴.数字动画在宁波非遗保护传承中的优势与策略[J].美术教育研究,2021(5):88-91,94.

② 张宏俊,陈力.基于数字媒体环境的动画艺术创作研究[J].环境工程,2023(8):322-324.

升了影片的文化价值和现实意义。同时，民俗文化通过国产动画电影得到了更好的呈现与传播，有利于其在当下的保护和传承。

二、数字影视动画的特点及其对乡村民俗文化传承的意义

数字影视动画，以数字技术颠覆了传统的手工绘制形式，使得动画作品的表现形式更加丰富多样，艺术生命力更加鲜活，给予人们新的感官体验。数字技术下的动画艺术创作有着广阔的发展空间与现实意义。在乡村民俗文化的保护和传承中应充分发挥数字影视动画优势，促进乡村民俗文化艺术的创新发展。具体来说，数字影视动画的特点及其对乡村民俗文化传承的意义包括以下三点：

（一）提升视觉表现，使文化传承更加生动

相较于传统媒体，数字技术使得针对乡村民俗文化的动画艺术创作更为便捷，大幅度减少了生产制作的时间和人力成本。同时，数字技术还提供了如3D技术、"三渲二"技术、数字特效等多种表现方式，优化了以往动画作品单调的视觉表现形式，给人以强烈的视觉冲击，丰富了人的视觉感受，产生了更加直观具象的效果。这使得动画制作者不再受制于传统手绘技术的限制，减轻其工作负担的同时还使其拥有更广阔的创作发挥空间。这可以使动画创作者更加集中于创作本身，从而实现更加多样化的艺术效果和风格。

数字影视动画以其独特的视觉表现力，将乡村民俗文化的各种元素以更加生动、形象的方式展现给观众。通过运用先进的动画技术和创意性的视觉设计，乡村的自然风光、地理环境、建筑风格、人物形象以及传统民俗活动、传统手工艺等以更加鲜活、逼真的形式呈现和还原。这种视觉上的冲击力可以迅速吸引观众的注意力，激发他们的好奇心和探索欲望。例如，《大鱼海棠》中主角居住的建筑原型来源于福建客家土楼，基本上影片中的每座建筑在现实中都有原型，这让不少观众深刻领略到客家土楼的魅力。此外，数字影视动画还可以通过色彩、光影、动作等视觉元素的巧妙

运用，营造出一种独特的氛围。例如，通过运用柔和的色调和流畅的动画效果，可以展现出乡村的宁静与和谐；通过运用强烈的对比和夸张的动作设计，可以突出乡村民俗文化的独特性和趣味性。2021年上映的动画电影《雄狮少年》以岭南民俗醒狮文化为根基，聚焦于当下的社会与现实，勾勒出醒狮背后集乡村风光、城市面貌、人情世故于一体的岭南风情。这种生动的传承方式不仅让观众更直观地了解和感受乡村民俗文化的魅力，也增强了乡村民俗文化的吸引力和影响力。

（二）扩大受众群体，拓宽传播渠道

数字影视动画由于其自身的创意叙事方式和视觉表现特点，更容易吸引年轻受众的关注和喜爱。相对于真人民俗纪录影像，动画形式的民俗内容更容易被青少年群体接受。通过富有创意的角色形象、情节和视觉效果的设计，数字影视动画将乡村民俗文化的魅力以更加生动、有趣的方式呈现出来，并营造出一种轻松愉快的氛围。同时数字影视动画能够结合现代审美和流行文化，融入时尚元素、加入幽默元素或采用流行的叙事方式，使得乡村民俗文化更加贴近年轻受众的生活和兴趣。这不仅能够吸引年轻人的注意，引起他们的共鸣，得到他们的认同，还能够激发他们的好奇心和探索欲望，从而促使他们更加深入地了解和关注乡村民俗文化。由中共嘉定区委宣传部投资出品的《中国古诗词动漫》，在故事、场景、人物、服饰方面都根据历史文献，进行反复考证修改，在细节以及传统民俗活动上最大限度地还原当时历史情景，从而能管窥出一个时代的民俗风貌。

数字影视动画作品可以通过多种媒体平台进行传播，如电视台、视频网站、社交媒体等。这种多平台传播的策略能够使乡村民俗文化覆盖更广泛的受众群体。观众可以通过电视观看动画节目，也可以在手机或电脑上随时随地通过视频网站或社交媒体平台观看动画短片或系列动画作品。这种传播策略打破了地域、语言和时间的限制，覆盖了更广泛的受众群体，使得乡村民俗文化的传播范围更加广泛。无论是城市居民还是乡村居民，无论是国内用户还是国外用户，都可以随时随地通过不同的平台接触到有

关乡村民俗文化的数字动画作品，让不同文化背景的观众都能够感受到乡村民俗文化的魅力。这种传播方式不仅提高了乡村民俗文化的知名度和影响力，也促进了不同地域和文化之间的交流与融合。

数字影视动画还可以通过与其他领域进行跨界合作，进一步拓展传播渠道。例如，与旅游业合作，将乡村民俗文化的动画作品作为旅游宣传的一部分，吸引游客前往乡村体验乡村民俗文化；与教育机构合作，将动画作品作为教学材料，让学生在观看动画的过程中了解和学习乡村民俗文化。这种跨界合作不仅能够拓宽传播渠道，还能够为乡村民俗文化的传承和发展注入新的活力。2021年，舞蹈《唐宫夜宴》火遍网络，河南电视台趁热打铁，迅速推出其3D动画衍生形象IP"唐小妹"，在电视台、视频网站、社交媒体以及线下实体文创商店进行了大规模和大范围的传播，并在故事情节中联动隋唐洛阳城、清明上河园、登封观星台等文化地标，吸引了大量的游客前去打卡。

（三）多元挖掘资源，创新表达方式

不断发展的动画技术，不仅带来传播载体、制作手段的变化，还助力动画艺术在取材、表现和形式上的深化拓展。数字技术为其提供了多样化的工具、技术和方法，使得动画制作者可以尝试不同的艺术风格，模拟不同的场景和情境。例如，动画与实景的结合，甚至是原创虚拟世界的绘制，使更多的乡村民俗文化的动画影视表现成为可能；多样性的乡村民俗文化在动画创作过程中可以获得更加广阔的创意空间。正是在这个意义上，数字影视动画为乡村民俗文化的时代表达开辟了新的可能。数字影视动画具有高度的创新性和灵活性，可以将乡村民俗文化与现代艺术元素相结合，创造出全新的表现形式。例如，可以将乡村民俗文化的元素融入现代动画的情节和角色中，或者通过虚拟现实技术让观众身临其境地体验乡村民俗活动。这种创新性的表现形式不仅能够吸引更多年轻观众的关注，也能够让乡村民俗文化在现代社会中焕发出新的活力。

数字影视动画不仅可以呈现乡村民俗文化的外在形式，还可以通过故

事化的叙事方式，深入解读乡村民俗文化内在的文化内涵和社会价值。通过创作富有创意的动画故事，将乡村民俗文化的历史渊源、传统习俗、价值观念等融入故事情节之中，同时借助隐喻、夸张等表现手法，人们可以清晰直观地了解所要表达事物的具体形象与特征，并感受到其映射出的某种特定情感意蕴。例如，由重力聿画和知了青年联合出品的动画和真人相结合的纪录片《不白吃的食神之旅》，以二维动画人物形象"不白吃"为主角串联起散落在民间的各个美食高手，以生动幽默的表现手法展现了最具烟火气的传统美食，为乡村民俗相关的数字动画纪录片开拓了新的视觉表达和叙事方式，也让观众在了解传统美食的同时窥探到故事背后承载的乡土乡情。

第四节　互动体验——交互装置艺术

一、交互装置艺术概述

装置艺术是指在特定的时空环境里，将人类日常生活中的已消费或未消费过的物质文化实体进行艺术性地选择、利用、改造、组合，以使其演绎出展示个体或群体丰富的精神文化意蕴的新的艺术形态。简单地讲，就是"场地+材料+情感"的综合展示艺术。装置艺术是一种通过物件来展现时间性与事件性、空间性与参与性、"场"性与存在性的三维空间艺术。它的特点是将物件呈现在现实关系中，通过物件自身所包含的意义以及物件与物件之间的相互关系所引发的联想，来阐述新的概念和说明某种美学和社会意义。它不同于一般雕塑的特点在于它的视觉连续性，装置艺术拥有更开放的三维空间，带给观众更强烈的空间感，也更具参与性和交流性。这种空间已不是单纯的自然空间，而是包含了社会学和心理学的空间。观众在这个空间之中，能感受作品"场"的作用。装置艺术的展现，通常在真实空间和虚拟空间的关系中，借助连续的视觉形象叙述一种人文的观念①。

进入 21 世纪，随着新媒介（特别是以信息技术为特征的数字媒介）在装置中的广泛应用，很多装置都具有了交互的特征属性，逐渐形成了一个融合交互技术和装置艺术的新形式——交互装置。狭义上的交互装置，基于计算机图形、信息采集和处理，并且通过运算将各种数据输入输出，它是一种人与装置联系性很强的媒介，可以使人参与其中并获得真实的亲身感受。交互装置是一种多元的设计表达形式，可以体现设计师对主题的研究和感悟，对用户心理的思考，对大型装置形态的把控。交互装置的本质并不局限于人与装置的互动，而是通过作品去展现或改善人与人之间、人与社会之间、人与自然之间的关系，展示或改变我们

---

① 刘旭光.新媒体艺术概论[M].石家庄：河北美术出版社，2012：27.

生活与思考的方式①。

二、交互装置艺术的特点及其对乡村民俗文化传承的优势

交互装置作为一种艺术形式，具有交互性、多媒体性、虚拟性等多种特性，强调以令人感兴趣或令人着迷的方式来吸引和打动观众。交互装置艺术在传达乡村民俗文化方面具有以下优势。

（一）多感官交互性

交互装置具备实时双向互动性，这使装置的创作和感知过程及方式发生了变化，形成了在人机、人人等互动中激发美感的独特模式。装置艺术创造的环境，试图让观众在界定的空间内由被动观赏转为主动感受，这要求观众除了积极思考外，还要调动所有感官，包括视觉、听觉、嗅觉、触觉等感官去感受。观众通过装置多感官多通道的反馈，获得丰富、深刻、富有情感的交互体验。相较于普通的影视艺术，交互装置艺术的用户具备更多的主观性和参与性，在互动与欣赏中产生反思与共鸣。相较于传统大众媒介的单向传播，交互装置作品与用户之间的双向传播，能够让用户更深入地感知装置艺术所表达的情感。

交互装置艺术作为集视觉、听觉、嗅觉、触觉等多感官体验于一体的公共艺术，对公众来说非常直观，且可参与性强，便于公众全方位了解乡村风俗风貌，加深公众对乡村民俗文化的感知和理解。一方面，交互装置艺术通过多感官交互能够更全面地呈现乡村民俗文化的多维特性。乡村民俗文化不仅包含丰富的视觉元素，如服饰、建筑、装饰等，还包含独特的听觉元素，如方言、歌谣、乐器等，观众甚至可以通过触摸等方式感受其质感和温度。交互装置艺术能够将这些元素整合在一起，通过多通道互动设计，使观众全方位地沉浸在乡村民俗文化的氛围中。另一方面，多感官交互性带来的沉浸式体验能够增强观众对乡村民俗文化的情感体验。通过

---

① 何修传,马梦媛.交互装置设计:概念、方法与应用[M].北京:清华大学出版社,2023:19-32.

模拟乡村的生活场景、民俗活动等，观众可以与作品进行互动，参与各种乡村民俗活动，如制作手工艺品、参与农事活动等。交互装置艺术能够使观众身临其境地体验乡村民俗文化，这种亲身参与和体验的方式能够使观众更加深入地感受乡村民俗文化的魅力和独特性，从而增强对乡村民俗文化的认同感和归属感。

学者范子洁尝试将伏羲文化材料融入装置作品的内容中。他以天水市关于伏羲的民间传说为装置影像的呈现内容，以幕布为载体，采用影像作为呈现形式，将影像背景或动效元素通过吊顶投影仪延伸至地面和两侧墙壁上，使整个空间随着幕布上故事每一幕的场景发生变化，加深了游客参与的沉浸感。同时，他还借鉴多感官设计策略，以手势交互或姿态交互的感官交互形式辅助影像情节展现，在不同情节插入相应的交互动作，如画面影像会根据游客的身体动作或位置发生变化；在姿态交互中主要采用位置追踪方式，即将游客以伏羲"蛇尾人身"的形象投影至幕布上，帮助游客将自身映射为"伏羲"①。游客与装置的互动实际上是与影像的互动，互动投影加强了游客的沉浸感体验，使他们真切感受到自己存在于故事情景中，是故事的主人公"伏羲"，并持续维持了游客的注意力。

（二）全时空多媒体性

交互装置艺术具有的全时空多媒体特性，使乡村民俗文化可以不受时间和空间的限制，通过各种媒体形式进行展现和传播，这种特性在表现乡村民俗文化时具有重要意义。第一，交互装置艺术能够让乡村民俗文化在不同的时间节点上呈现和重温。无论是传统的节日庆典还是日常生活中的点滴细节，都可以通过交互装置艺术得以记录和展现，使得乡村民俗文化得以在时间的长河中延续和传承。第二，交互装置艺术能够通过多媒体，实现融合式的跨越式发展路径，从而开拓更大的语境范围，创造更多的表达路径。除了静态造型之外，交互装置艺术还可以通过光

---

① 范子洁.多感官交互下天水伏羲文化互动装置设计研究[D].兰州:兰州理工大学，2022.

线、声音、动作来形成独特的效果。这些多样手法形式的呈现，共同塑造了装置作品的形态。交互装置艺术将多媒体多样化的呈现方式作为文化载体，突破了传统文化表达方式，使得乡村民俗文化得以多方位展示，让乡村民俗文化在数字空间中得以延续，这有助于推动乡村民俗文化的繁荣和发展。

学者莫绮玲针对岭南地区青田村农历八月十五烧奔塔的习俗，设计了一款名为"青田烧奔塔"的互动装置，装置材料为电脑、投影仪、感应雷达和白色墙面。装置以青田烧奔塔中的"塔"与"火"为主要视觉元素，以装置界面上的手掌印为人机交互触点，同时按下的掌印越多，触发的火花效果越绚丽[①]。这款装置不仅展现了人类自原始时代以来对火的崇拜，还体现了火在当代作为村民对事业兴旺、五谷丰登、日子红红火火期盼的象征。随着人数的增加，火焰效果更加壮观的设计也体现了村民之间团结协作的精神。此外，用户还能通过手机网络向装置传输祝福语，使其实时展示到墙面上，这也满足了民众参与交互装置后基于仪式的情感表达需求。

（三）超现实重塑性

在计算机数码和图形学技术的基础上，交互装置所呈现的艺术效果往往具有一定的虚拟性。计算机数字影像技术产生之后，新媒体艺术的图像几乎都采用了数字合成影像技术以及二维、三维的数字虚拟影像。数字影像是一种非物质化的图像，它既不是物质实体，也不是用物质材料表现的想象性现实，而是真正属于虚拟的影像。这种虚拟性是指交互装置凭借数字技术创造的内容具有虚拟的效果，是一种超越现实时空的存在。现代交互装置大多都采用了计算机数字生成技术，其产生的影像、声音等信息既非现实世界的直接映射，也非虚拟的艺术想象，而是一种非物质化的媒介表达。在这些新兴科技手段的支持下，艺术家和设计师不仅可以在作品中打破传统时空秩序，创造出同步与异步、同地与异地等奇观式的交互体验，而且可以在数字世界中更高效地传播信息。

---

① 莫绮玲.青田民俗节庆文化的数字化设计研究[D].广州:广东工业大学,2022.

交互装置艺术可以连接公众与乡村艺术，其虚拟性在重塑数字乡村形象方面具有重要作用。通过交互装置艺术的数字形式参与乡村民俗文化的展示，可以引出未来数字乡村的概念，多方位地向公众展示未来数字化的乡村形象。这能够为乡村地区打造独特的数字文化名片，提升乡村的文化软实力和形象魅力，推动未来乡村数字化建设的蓬勃发展，并在公众心目中建立起全新的乡村形象。首先，交互装置艺术可以通过创意设计和现代化技术手段，例如虚拟现实（Virtual Reality，简称VR）和增强现实（Augmented Reality，简称AR）技术，将乡村的自然风光、人文景观以及特色文化元素进行数字化处理和展现，从而打造出具有乡村特色的数字人文景观。其次，交互装置艺术还可以结合乡村旅游、文化产业等领域的发展需求，为乡村地区打造具有吸引力的文化体验项目和产品，吸引更多的游客和投资者前来关注和参与，促进乡村地区的经济和文化发展，为乡村地区的文化发展和形象提升提供有力的支持。

2021年4月，在上海（国际）花展上，王勇等人设计了一个主题庭院（交互装置），展现了未来数字化乡村的概念。这个设计提取了上海奉贤区的特色元素，使用玻璃和金属构建整体装置，展现出具有现代感和未来感的乡村风貌。同时，通过植入植物和奉贤区特有的香料气味，传达了保护生态环境、实现美好生活的愿望。此外，设计中还结合传统的编织技艺，将布料和纤维材料融入装置之中，以此体现中国民间文化的特色。装置整体分为两大模块，第一大模块是微生态空间的交互设想。此模块将真实植物放置于空间中，两侧的LED显示屏循环播放上海奉贤乡村美景，四周透明玻璃与乡村景观融为一体，当游客进入装置空间中时，立方体开放的两侧可供游客观赏乡村微生态空间。第二大模块是气味记忆空间的交互设想。当游客走进装置空间中时，就会通过红外线感应触发空间装置接收信号并传导到香味机关装置，触发装置喷洒出特定主题的香味，增加游客的嗅觉体验。①这样，通过微生态空间的交互与气味记忆空间的交互，游客进入装

---

① 王勇，彭楼丹，张施泉.体现未来数字乡村概念的交互装置艺术设计研究：以2021上海（国际）花展上海之鱼会场主题庭院为例[J].包装与设计，2023（1）：122-123.

置后就可以感受大自然的美妙。该交互装置还展现出了未来数字乡村概念带给人们的美好体验，重塑出未来乡村人民安居乐业，人与自然、人与科技和谐共处的生态形象。

第五节　专题空间——数字博物馆

一、博物馆及其数字化发展概述

2022 年 8 月 24 日，在国际博物馆协会（International Council of Muse-ums，简称 ICOM）第 26 届大会上，ICOM 通过了新版的博物馆定义。8 月 25 日，中国博物馆协会发布的新版博物馆定义的中文译本为：博物馆是为社会服务的非营利性常设机构，它研究、收藏、保护、阐释和展示物质与非物质遗产。它向公众开放，具有可及性和包容性，促进多样性和可持续性。博物馆以符合道德且专业的方式进行运营和交流，并在社会各界的参与下，为教育、欣赏和知识共享提供多种体验。由此可知，博物馆所承载的文化与文明的丰富内涵，有着重大意义。博物馆作为文化传承的载体，最初主要以文物展示为基础，以实际存在的形式向观众展示，但是存在很多局限[①]。近十年来科学技术的突飞猛进为人类社会带来了诸多变化。伴随着信息技术的冲击，人们的行为和心理发生转变，这也迫使博物馆产生相应的改变。同时，信息技术也极大地丰富了博物馆中展品的传播媒介方式，"数字博物馆"的概念初露端倪，给博物馆的发展带来了生机和新的机遇。随着计算机技术、网络技术的发展，越来越多的数字博物馆运用先进的多媒体技术、虚拟现实技术来呈现数字内容。

二、数字博物馆形式及意义

数字博物馆是以数字形式对可移动文物和不可移动文物的各方面信息进行收藏、管理、展示和处理，并通过互联网为用户提供数字化的展示、教育和研究等服务，是计算机科学、传播学以及博物馆学相结合的信息服务系统。数字博物馆摆脱了传统意义上博物馆所必需的建筑、陈列、参观

---

① 耿国华,贺小伟,王美丽,等.元宇宙下的智慧博物馆研究进展[J].中国图象图形学报,2023(6):1567-1584.

时间等条件的束缚，打破了时间与空间的限制，使任何人在任何时间、任何地点都能够获取所需的文化信息。数字博物馆具有感官的交互性、丰富的传播手段、广泛的传播渠道、满足个性化需求等优势。数字博物馆的核心是一个能共享和处理博物馆基础数据，并结合图形、图像、视频等静态和动态信息来展示结果的信息系统。通过计算机及互联网，浏览者可以获得具有内在联系的、视觉上逼真的、交互式的、动态的"参观"效果①。数字博物馆既可以使博物馆不受展品条件、展览场地的制约，进行多方位、多元化展示，又可以让民众不再受时间、地点的限制，随时随地地进入数字展馆，系统全面地感受传统民俗文化。

（一）博物馆数字化形式

从目前来看，数字博物馆的开发模式从表现形式上大致分为以下几种。

1.信息数字化

信息数字化是图片、文字、动画和音频包括声音解说以及视频等平面媒体的有机集成。它制作简单、成本较低、对技术要求不高、访问速度快，目前国内大多线下实体博物馆均有运用这种模式。但是，其主要作用是帮助博物馆宣传和展示部分信息资料，只能起到"以虚补实"的作用，不能替代真实的展馆。

2.展品数字化

展品数字化是针对实物展品，利用一些数字三维采集设备，将多幅二维图片拼接成三维展示效果的过程，或者直接利用3D建模渲染软件进行更高级和更复杂的三维展示的过程。这些虚拟文物的造型、纹理逼真，能充分反映文物的大小比例、破损程度以及镌刻的文字等全貌信息，用户可以以任意角度、尺寸去看虚拟文物。

3.情境数字化

情境数字化是用建模软件将博物馆的展示情境进行精细地建模、渲染。用户既可以实现在数字展馆中虚拟漫游，也可以在虚拟场景中点击链接查

---

① 杨向明.数字博物馆及其相关问题[J].中原文物，2006(1):93-96.

看想要了解的相关信息。但是，这种形式的展馆模型需要定期更新，不能完成复杂的用户交互动作，只能通过设计好的固定线路浏览，这使得用户不能从多个角度自由地了解文物信息。

4.体验数字化

体验数字化是基于虚拟现实的相关技术与设备，为用户营造沉浸式、交互式的博物馆观展体验，让用户与文物建立起立体化多模态的自然交互方式，使用户可以在这种交互式环境下实时获取高逼真度、多维的博物馆数字信息，进而产生"临场感"①。广义的虚拟现实包括增强现实、混合现实（Mixed Reality，MR）以及拓展现实（Extended Reality，简称XR）。虚拟现实技术在博物馆建设中具有传递多元化信息、增强互动性、突破空间时间限制等优势。在AR、MR、XR等虚拟现实技术与人工智能、大数据、云计算等信息技术深入融合背景下，数字博物馆在展演、藏品养护修复、游客体验情绪、后期运营等方面逐渐向智能化与智慧化发展②。

（二）数字博物馆意义

数字博物馆是博物馆发展的一个新阶段，它使博物馆的结构与实现方式发生了极大的变化。它以数字化形式收藏、保护文物标本及其他资料，并借助数字化方式对公众进行知识传播与教育。这对乡村民俗文化的研究、保护和传播具有十分重要的意义。

1.专业权威性

我国博物馆诞生的时代背景决定了其形成以"物"（文化艺术品的物质载体）为核心和学术至上的理念。博物馆系统的学术工作者对于"物"的信息进行发掘，赋予"物"作为人类文化历史证据的代表性与神圣性，即"博物馆性"。这种代表性与神圣性的解读权与赋予权，使得综合性博物馆逐步拥有基于实物研究的"学术权威"。在对文物展品的释读上，对于一些

---

① 黄亚南，黄艳丽.数字博物馆漫游模式与用户临场感关系实验研究[J].装饰，2023（6）：127-129.

② 邹超荣.基于虚拟现实技术的数字博物馆建设研究[J].电视技术，2023（1）：225-228.

意义不易理解，甚至容易引起争议的展品的诠释，博物馆能借用最为权威的田野考古发掘报告中的一手材料，并对枯燥的内容进行释读与归纳，详细介绍文物的来源、历史背景等。因发掘条件等的制约，考古发掘的成果虽不可能完全复原历史真相，但已经是博物馆对于展品阐释的最好选择。"物"成为"展品"，想要其隐藏信息被观众接收，需要依靠博物馆的解读干预：通过图片、文字、语音、视频和体验等辅助展品以及展示语言来完成。在这种转化中，博物馆并非简单的展示空间提供者，而是担任关键阐释者的角色，将"物"的隐藏性信息用观众可以感知到的多元化展示途径呈现出来。博物馆展示的"权威性"是在对"物"深入研究的基础上自然形成的，是综合性博物馆展示的基本属性。博物馆在观众视野中逐渐塑造出自身专业的"权威性"形象。目前我国大部分观众对于博物馆有相似的"接受期待"，他们抱有学习、受教育、崇拜等心态[1]。

以专题博物馆的形式对乡村民俗进行发掘、记录、留存与展示，博物馆可组织专业人员进行田野考察与研究，多方考据乡村民俗背后的文化，提供尽可能接近历史真相的阐释，并通过展览、出版、讲座、活动等形式将这些成果呈现给社会公众。这样，博物馆就能为公众提供近距离接触第一手材料的学习机会和全面系统的学习资源，成为民俗普及教育的"第二课堂"。例如，南京市民俗博物馆，通过与非遗传承人的"对话"，以访谈录的形式获取了大量涵盖南京地区一批重要非遗项目的珍贵资料。该博物馆还组织专业人员编写出版了《金陵话艺——非物质文化遗产代表性传承人访谈录》《走进精彩的非遗世界——南京绒花》《走进精彩的非遗世界——金陵岁时》等系列丛书。这些专业书籍集厚重的历史积淀、丰富的文化内涵、有趣的操作体验于一体，着重介绍了南京地区的非遗项目。南京市民俗博物馆以更加权威和专业的角度向观众直观深刻地展示其相关的民俗文化内涵[2]。

---

① 徐丹丹.论综合性博物馆展示的"权威性"：从观众认知的角度[J].湖北美术学院学报,2019(1):25-30.

② 潘彬彬.非物质文化遗产的保护与传承研究：以南京市民俗博物馆为例[J].社科纵横,2013(12):122-127.

2.沉浸式传播性

传统博物馆的传播方式局限于实体展示的空间中，只能提供有限的信息。相较于传统博物馆，数字技术可以增强博物馆的信息传播能力，改变固有传播渠道和模式，使文化传播效率不断提高，传播范围不断扩大。在数字化博物馆的参观体验中，以往传播媒介的中介作用被弱化，人们可以更直接地接触信息，获得认知与理解。AR拓展了文物展示的空间，并将信息内容与用户身体感知相融合。这种多元化的呈现方式，让文物更加立体，丰富了人们的体验感。数字化博物馆中的沉浸式传播是以受众为主导的传播形式，用户可以有选择性地观看传播的内容，更容易地参与到传播的过程当中。沉浸式传播中的信息通常是虚拟与现实的叠加，信息被数字化后相互交融，丰富了原有的叙事方式，以更加多元的形式被唤醒，并呈现在用户面前，使文物的内涵和价值得到充分的彰显①。

开封市博物馆尝试引入VR技术，让受众通过可穿戴设备观看博物馆建构的虚拟影像。在听觉上，辅以语音导览以及场景模拟等音效，增加观众沉浸感体验。同时，推出虚拟展厅和数字藏品，以"云直播"的形式吸引观众"围观"，激发用户在多维感知的驱动下产生分享欲，通过网络实现信息的二次传播。开封市博物馆的数字化建设结合沉浸式传播理念，依托线下实体博物馆布局，利用数字技术构建具有开放式传播形态的虚拟空间，使观众在泛在的知识传播中获得更丰富的体验。博物馆文化传播形态的创新，使受众的文化体验态度从认知向认同转变，继而使其主动参与到文化传承中来。这不仅丰富了传统博物馆的传播形态，增强了文化感召力和文化创造力，还通过多元化传播形态彰显了文物资源的价值与历史底蕴，促进了文化的创新与传承②。

3.多维叙事性

数字博物馆在其内部信息系统建立了面向外部互联网的接口，利用多

---

① 周凯,杨婧言.数字文化消费中的沉浸式传播研究:以数字化博物馆为例[J].江苏社会科学,2021(5):213-220.

② 姜文悦.数字化博物馆的沉浸式传播研究:以开封市博物馆为例[J].视听,2023(11):140-143.

种信息传播手段，如图像、文字、声音、影像等，将博物馆展品在网络上进行生动形象的展示，同时利用网络社交平台向公众普及民俗文化知识，扩大了民俗博物馆的受众面，使实体民俗博物馆的功能得以充分发挥。通过数字媒介进行展示传播、检索、学习和研究，人们在享受数字博物馆带来便捷的同时，也失去了与实体文物直接接触和多感官刺激的文化体验。因此，数字博物馆不仅要考虑博物馆的基本信息传播功能，还要关注用户的使用体验需求以及文化体验需求。数字博物馆不能完全替代实体博物馆，而应将其看作是实体博物馆在时空维度上的延伸，应向以"体验为导向"的方向发展，不断满足用户的文化体验需求，提高用户的文化体验感知度和参与度。

例如，学者涂先智等人，以叙事学理论和方法为基础，构建了角色代入类叙事设计模型，并通过设计实践指导西汉南越王数字博物馆文化体验的开发和优化。他们尝试在对用户的感官认知与情感体验的洞察分析下，以多形式互动搭建起用户与文化交流的叙事空间，激发了用户的多种感官体验，达到了以"体验导向"为价值取向的叙事效果，丰富了用户对数字博物馆的文化体验沉浸感[①]。

三、乡村博物馆及其对乡村民俗文化传承的意义

（一）乡村博物馆概述

众所周知，民俗博物馆是以展示民俗和民间文化为主要内容的主题博物馆[②]。相较于综合性博物馆，民俗博物馆更偏向于专项文化的深入挖掘，以更加生动的方式全面呈现民俗生活面貌。民俗博物馆的数字化建设，不仅改变了传统民俗博物馆展品保存、管理、使用和传播的方式和手段，还可以全面展示传统风俗习惯的演变过程、传统工艺的技术流程、民间传说

---

① 涂先智,王昆.数字博物馆的角色代入类叙事设计研究[J].包装工程,2023(2):365-371.

② 徐艺乙.民俗博物馆的建设及其意义[J].神州民俗(学术版),2011(2):4-8.

的版本演绎，以及专家学者的最新研究进展等，并通过互联网将这些内容传送到世界各地，以扩大影响，将传统民俗普及给更多民众。

各地所建的民俗博物馆形式各样。既有按民族划分的各民族各地区的民俗博物馆，如鄂伦春族博物馆、彝族博物馆、靖西市壮族博物馆等，又有包含不同地方特点的博物馆，如云南民族博物馆、丽江纳西族博物馆、黑龙江民族博物馆等，还有突出行业特点的博物馆，如海南腰舟博物馆、和顺大马帮博物馆、阿拉善骆驼文化博物馆、中国农业博物馆、中国茶具博物馆等。而乡村博物馆，涵盖于民俗博物馆范畴内也颇为引人注目。

20世纪70年代以后，英国的乡村博物馆如雨后春笋般开始出现。这些基于乡村社区的小型博物馆极大地推动了地方经济的发展，具有经济、社会和文化的多重效益。这些博物馆深植于社区，专注于展示地方"活的历史"，旨在通过保护和展示地景、乡村建筑和民俗，激发社区民众对地方的认同感。乡村博物馆展示的是乡村在历史发展中积淀下来的，能够代表地方民风民俗、生产生活方式、建筑等的展品，以实物、照片为主，以视频和模型为辅。乡村博物馆保存的物是见证乡村发展的某一阶段的真实和客观的物。乡村博物馆一般情况下通过小物件展示普通人的生活和讲述有关社区的历史，以包括历史档案、信件、手稿、口述、明信片、照片、图像、影像等形式记录当地生活、景观、建筑和习俗，以可见、可听、可感知的方式保存并证明社区普通人的生活，从而激励社区民众产生自豪感和分享先辈的生活经验。乡村博物馆还鼓励民众在情境中参与并体验乡村生活[①]。

当代中国的乡村博物馆实践大致开始于20世纪90年代的生态博物馆建设，以实现少数民族地区村落保护、自然与人文的和谐统一为基调。而当今乡村博物馆概念的提出可视为生态博物馆在空间和范畴上的再延续，并且在某种程度上与传统村落保护、非物质文化遗产保护，以及新农村建设等政府主导的实践相契合。

---

① 杜辉.在国家叙事与地方叙事之间：英国北约克郡乡村博物馆实践[J].东南文化，2017(6)：91-96.

（二）乡村博物馆在传承乡村民俗文化中的意义

与传统博物馆不同，乡村博物馆保存和展现的乡村传统文化依旧"活"在当下，反映了乡土社会的发展与变迁，与当地村民在感情和生活上有着密切的联系，所以乡村博物馆可以被看作是社区博物馆向乡村发展的一种形式，亦可以被称为乡村社区博物馆①。乡村博物馆在保护文化遗产、改善村落环境，实现经济、文化和社会多重效益方面具有积极的意义。

首先，乡村博物馆以文化遗产的整体保护为出发点，整体性保护地景、村落建筑、习俗、日常生活用具等，保存当地记忆，倡导凸显村落的文化含义，以村民为主体实现公众参与和民主管理，最终实现文化的永续发展。其次，在城乡快速变化的背景下，乡村博物馆以展示乡村遗产、民风民俗、建筑和生产生活方式为主要内容，可以成为游客缓解异化感、寄托乡愁的重要场所，同时也是城乡文化和情感交流的接触地带。乡村博物馆可以推动城乡之间的文化、情感双向流动，缓释城乡快速变迁带来的思乡情绪。最后，乡村博物馆不仅仅是当地历史和传统的留存地，也承担着调节社会结构和社会关系的职责，以直接或间接的方式参与社会调节和国家建设。不同于传统意义上的博物馆，乡村博物馆以服务村民为主，是一个能协调村民与村民以及村民与外部社会关系的媒介。

良周社区博物馆位于陕西省渭南市澄城县，该区域内有新石器时代的遗存、东周古墓群、战国魏长城、武帝庙、秦汉宫殿遗址、明清古村落等历史遗迹。因该区域的数十个村庄内村民在生产生活方式、民俗文化等方面具有相似性，又经历了相似的变迁阶段，故周围的数十个村庄能够凝结在一起，建立起一个共有的社区博物馆。该社区博物馆的展示内容分为三大部分：历史遗迹、乡风民俗、时代变迁。乡村博物馆将乡村遗产引入博物馆空间，当参观者进入乡村博物馆空间时，过去的客观真实的物件能引发参观者的回忆，这种记忆包括自我成长的记忆、同辈间的记忆和代际间

① 苏晨飞,朱小军.基于服务设计的乡村博物馆设计研究[J].工业设计,2022(3):49-51.

的记忆。在回忆时，参观者对物、人以及地方的情感被激发。在乡村博物馆的体验中，参观者能排遣异化导致的乡愁。同时借助博物馆化的乡村遗产，参观者能够重新将自己融入个人、社会和空间的联系网络之中。①

以民俗为主题的博物馆通过多样化的展示设计，展现了中华民族的锦绣江山、广袤疆域，各民族人民它们共同创造的悠久的中国历史和灿烂的中华文化。这些博物馆综合运用现代科技手段，使一件件孤立的展品与观众建立多感官的联系，为观众提供沉浸式的体验。通过这种形式，博物馆加强了民众对各地域各民族各具特点的生活方式、风俗习惯的理解和认识，这是各地区人民互相尊重、和睦相处、增进友谊的重要方式之一。充分发挥博物馆在传播知识文化，促进社会教育方面的功能和作用，共同构筑中华民族共有的精神家园。同时，博物馆应承担起时代责任，将已经成为历史的民俗文化保存起来，选择其中经典的部分展示陈列，并通过各种方式推广和宣传，让今天的民众通过了解过去的民俗文化来学习传统文化，增强民族自信心②。

---

① 张茜,徐卫民.接触地带:乡村博物馆何以承载乡愁?[J].西南民族大学学报(人文社会科学版),2022(8):33-42.

② 徐艺乙.民俗博物馆的建设及其意义[J].神州民俗(学术版),2011(2):4-8.

第六节　数字化的基础——数据库

一、数据库概述

数据库技术是数据管理的有效技术，是计算机科学的重要分支。今天，信息资源已成为各个部门的重要财富和资源。建立一个满足各级部门信息处理要求且行之有效的信息系统也成为一个企业或组织生存和发展的重要条件。因此，作为信息系统核心和基础的数据库技术得到越来越广泛的应用，越来越多的应用领域采用数据库技术来存储和处理信息资源。特别是随着互联网的发展，广大用户可以直接访问并使用数据库，例如，在网上订购图书、日用品、机票、火车票，通过网上银行转账存款取款、检索和管理账户等。数据库已经成为每个人生活中不可缺少的部分。

数据库是按一定的数据模型组织、描述和储存数据的仓库，是一个长期储存在计算机内、有组织的、可共享的大量数据的集合。数据库具有较小的冗余度、较高的数据独立性和易扩展性，并可为各种用户共享。概括地讲，数据库数据具有永久存储、有组织和可共享三个基本特点。数据是数据库存储的基本对象。描述事物的符号记录称为数据，有多种表现形式，数据可以是数字，也可以是文字、图形、图像、音频、视频等，它们都可以经过数字化后存入计算机。

当收集到应用所需的大量数据之后，应将其保存起来，以供进一步加工处理，抽取有用信息。在科学技术飞速发展的今天，数据量急剧增加。过去人们把数据存放在文件柜里，现在人们借助计算机和数据库技术科学地保存和管理大量复杂的数据，以便能方便而充分地利用这些宝贵的信息资源。数据库是数据管理的新方法和新技术，它能更合适地组织数据、更方便地维护数据、更严密地控制数据和更有效地利用数据。随着科学技术的不断升级，数据库中管理的数据集不断发展成超数百万条记录的超大规模，"大数据"一词开始被广泛传播。数据不仅具有经济价值和产业价值，还具有科学价值。大数据技术可以应用在各行各业，例如，通过对互联网文本大数据的管理与挖掘，可以感知现在预测未来；基于大数据分析的用户建模可以根据不同用户针对性地提供数据服务，实时推荐相关信息①。

中国是民族融合的大一统文明型国家。中华文化并非局限于中原地域或单一的汉族文化，而是有机融合各民族、各地域文化而形成的内涵丰富的文化体系。例如，蒙、满、回、藏等民族的文化，都是中华文化的重要组成部分。但是这些少数民族，依然保留了许多独特的传统风俗。另外，我国历史悠久、人口众多、幅员辽阔，历史上形成的传统节日多达数百个，各地域形成的民间传说、生活习惯、特色饮食等民俗风俗更是数不胜数。利用数据库技术，可以有效地解决我国乡村民俗文化数字化中的管理与使用问题，从整体性和系统性方面对相关数据进行深入研究、挖掘与整理，能为我国乡村民俗文化的研究搭建更加宽阔、真实、高效的平台。

二、乡村民俗文化数据库特点及其对乡村民俗文化传承的意义

（一）乡村民俗文化数据库特点

乡村民俗文化数据库的永久存储功能确保了乡村文化资源可以长期留存。乡村民俗文化是乡村社会的历史记忆和文化根基，但由于种种原因，许多珍贵的民俗文化正在逐渐消失。首先，通过建立数据库，我们可以将这些宝贵的文化资源永久地保存下来，为后代留下丰富的文化遗产。其次，数据库能使乡村民俗文化资源得以系统化、条理化地呈现。乡村民俗文化涉及民间故事、传统手工艺、节庆活动等多个方面，这些资源分散在各个角落，难以被系统地整合和呈现。通过数据库的建设，我们可以对这些资源进行分类、整理，形成一个完整、有序的乡村民俗文化体系，便于人们查阅、学习和研究。最后，乡村民俗文化数据库的可共享性促进了文化的传播和交流。乡村民俗文化不仅是乡村地区的宝贵财富，也是全人类的共同遗产。通过数据库的建设，我们可以将乡村民俗文化资源分享给更多的

---

① 王珊,萨师煊.数据库系统概论[M].5版.北京:高等教育出版社,2014.

人，让更多的人了解和认识乡村民俗文化，从而推动乡村民俗文化的传播和交流。

（二）乡村民俗文化数据库对乡村民俗文化传承的意义

乡村民俗文化数据库建设的核心价值和目标在于系统性地整合、保存并展示乡村民俗文化资源。乡村民俗文化数据库不仅能够有效地记录和保存乡村民俗文化的各种形式，从而确保这些宝贵的文化遗产不被遗忘或流失；还能为学术研究提供丰富的素材和依据，学者可以通过数据库获取大量关于乡村民俗文化的原始资料，并进行深入的研究和分析。这既可以为民俗学研究提供深层次的服务，有助于推动乡村民俗文化学术研究的进一步拓展与深化，又可以为相关政策的制定提供科学依据。构建一个全面、详细、易查的乡村民俗文化数据库，有助于深入挖掘和分析乡村民俗文化的内涵和价值。

随着大数据技术的不断完善和发展，其在乡村民俗文化传承、推广和保护领域的应用将会更加广泛和深入。乡村民俗文化数据库能极大地丰富和充实乡村民俗文化的信息资源，促进以乡村社区为中心的信息资源共建与共享资源体系的建立，促进我国乡村经济、文化事业和科学技术的蓬勃发展。乡村民俗文化数据库还能促进建立城镇与乡村的联结与交流，提高远走他乡的人才返回祖国和家乡建设的积极性，推动乡村数字化建设，为开展乡村数字化信息服务奠定良好的基础，为乡村地方经济的发展作出贡献，并使优秀乡村文化得以传承、不断升华，成为新时代乡村振兴的文化因子。同时，它也为外界了解乡村、走进乡村提供了一个平台和窗口[①]。

例如，《茂名历史名人多媒体数据库》整合了广东茂名历史上的名人数据资源，建成包含书目、图片、全文、视频等多种类型的综合资源库，为广大人民群众提供最全、最新的资讯，同时也进一步充实了全国文化信息

---

① 何平,樊志坚,李佳.基于CALIS标准的特色数据库建设:以《湖南民俗数据库》为例[J].高校图书馆工作,2011(5):46-48.

共享工程的内容。《茂名历史名人多媒体数据库》不仅打造出茂名的文化名片，还有助于开发文化旅游资源，促进茂名旅游经济的发展，同时也为茂名历史文化研究工作的开展提供了便利条件。

第七节　乡村民俗文化数字化建设的意义、机遇和挑战

一、乡村民俗文化数字化建设的意义

乡村民俗文化是中华民族传统文化的重要组成部分，它承载着丰富的历史信息、地方特色和民族情感。然而，随着现代化进程的推进，许多乡村民俗文化面临着传承困境，有些乡村民俗文化甚至逐渐消失。我国针对非物质文化遗产与乡村文化的保护、数字文化产业和相关行业标准的发展等方面制定了一系列相关政策，为地方政府对乡村民俗文化的数字化保护与留存提供了指导方向与实践依据，自上而下地推动了乡村民俗文化的数字化建设。

乡村民俗文化承载了丰富的历史信息和传统智慧，通过保护和留存这些文化，后代可以了解并传承这些文化遗产，从而维护文化的连续性和完整性。这对于人类文明的传承和发展具有重要意义。乡村民俗文化是民族认同的重要基石，它反映了一个民族的生活方式、价值观念和精神追求。乡村民俗文化是乡村经济和社会发展的重要资源，全国各地都在乡村民俗文化的数字化建设实践中不断探索。挖掘和利用文化资源有助于传承优秀传统文化，推动乡村旅游业和文化创意产业的发展，从而提升乡村的整体经济水平，改善社会环境，提高村民的生活质量。这样做还能引领社会价值取向，促进数字文化创意旅游等产业的融合发展，助力乡村治理，优化文化服务，培养创新人才。

二、乡村民俗文化数字化建设的机遇

数字化技术为乡村民俗文化的保护带来了新的机遇和方法。乡村民俗文化的数字化表达可以通过多种方式实现，本书主要介绍了以下几种方式：真实记录的数字影像、生动形象的数字影视动画、提供互动体验的交互装置艺术、专题性的数字博物馆，以及基础的数字化数据库。通过数字化手

段保存乡村民俗文化，可以有效防止其因时间流逝或社会变迁而遭受损失和破坏。数字化保护不仅能原汁原味地展现乡村民俗文化的原貌，还能实现资源共享和协同保护，为乡村民俗文化的展示提供更多创新途径。这种方式能够打破地域限制，通过互联网等渠道广泛传播，吸引更多人关注和了解乡村文化。此外，通过建立数据库并利用大数据分析，可以深入研究和挖掘乡村民俗文化，发现其内在价值和特点，为乡村民俗文化的研究提供更多便利和可能性，为乡村文化的传承和发展提供更科学的依据。

三、乡村民俗文化数字化建设的挑战

乡村民俗文化的数字化不是对传统文化的照搬和简单呈现，而是对传统文化的重新解读。作为一种区别于传统媒介的手段，数字化技术以全新的方式对乡村民俗文化进行了重构和再现，全新的媒介载体也可能影响传播内容本身。目前，我国乡村民俗文化还处于数字化建设的初期，各方面还不成熟，面临着多方挑战。

第一，在数据采集、处理、存储和传输等方面，需要专业的技术和人才支持，乡村地区往往数字技术基础薄弱，缺乏先进的数字化设备和专业的技术人才，限制了乡村民俗文化数字化的进程和质量。

第二，在资金方面，数字化保护需要投入大量的资金，包括设备购置、技术研发、人员培训等费用。然而，乡村地区往往经济相对落后，资金匮乏，难以满足数字化保护的需求。

第三，在知识产权和版权保护方面，数字化过程中，乡村民俗文化的知识产权和版权保护问题凸显。如何确保数字化成果不被盗用、侵权，是数字化保护面临的重要挑战之一。

第四，在文化传承方面，乡村民俗文化具有复杂性和多样性，其传承方式和载体也不尽相同。数字化保护需要考虑到不同文化的特殊性和复杂性，避免在数字化过程中造成文化失真或破坏。

第五，在信息安全和隐私方面，数字化保护涉及大量的数据和信息，如何确保这些信息的安全，防止信息泄露和滥用，是数字化保护需要解决的重要问题。

第六，在数字化保护过程中，可能会遇到传统价值观与现代价值观的冲突。如何在尊重传统文化的同时，融入现代元素，让乡村民俗文化更好地适应现代社会的发展，是数字化保护需要思考的问题。

第七，在社会参与度方面，乡村民俗文化保护需要社会各界的共同参与和支持。然而，目前社会参与度相对较低，可能会影响数字化保护的进程和效果。

为了应对这些挑战，我们需要政府、企业、社会组织等各方共同努力，这包括完善相关法律法规和制度保障，加大投入和支持力度，加强技术研发和人才培养，扩大宣传力度，以及创新数字化建设形式等，通过这些举措共同推动乡村民俗文化的数字化保护工作。

数字化技术使乡村民俗文化焕发出新的生命力，具有此前其他媒介载体所无法赋予的魅力，其影响也必将更为深远。在全球化的背景下，乡村民俗文化的数字化保护与传承，不仅能够提升国家的文化软实力和国际影响力，还能够促进不同文化之间的交流与理解，减少文化冲突和误解，增进不同地域间的友谊与合作，这对于构建人类命运共同体具有重要意义。另外，乡村环境与自然生态息息相关，乡村孕育了农耕文化、渔猎文化等多样的文化形态，传承与发扬这些乡村民俗文化，有助于更好地保护和恢复生态环境，维护生物多样性和生态平衡，这对于实现可持续发展和构建美丽中国具有重要意义。因此，我们应该高度重视乡村民俗文化的保护和传承工作，确保这些宝贵的文化遗产得以延续和发扬光大。

第三章 乡村民俗文化的数字化应用

第一节 乡村振兴与乡村民俗文化数字化
对乡村振兴的意义

一、乡村振兴

党的二十大擘画了全面建设社会主义现代化国家的宏伟蓝图。农业强国是社会主义现代化的根基。全面建设社会主义现代化国家，最艰巨和最繁重的任务仍然在农村。乡村振兴战略是以促进农村地区经济社会全面发展为目标，通过一系列政策、措施和行动计划，推动农村经济、农业、农村社会和农民生活的全面振兴。它旨在解决农村发展不平衡不充分的问题，实现城乡发展协调一体化。实施乡村振兴战略要按照产业兴旺、生态宜居、乡风文明、治理有效、生活富裕的总要求，建立健全城乡融合发展体制机制和政策体系，加快推进农业农村现代化。乡村振兴不仅是经济的振兴，也是生态、社会、文化、教育、科技、生活等多方面的振兴，同时伴随着农民素质的提升。

二、数字化乡村建设

数字化乡村建设是指利用数字技术促进乡村现代化建设和农业农村发展，以形成集信息化、现代化、智能化于一体的农村社会和生态环境。这一过程包括推动农村地区信息基础设施建设，促进信息技术与农村生产生活的全面深度融合，以及利用数字技术提升农业生产效率、农村治理水平、农民生活质量和加快乡村旅游业发展等。数字化乡村建设旨在弥合城乡数字鸿沟，实现城乡一体化和可持续发展，重构乡村现代经济发展形态，打造乡村治理信息化新模式。

乡村社会涌现出诸多数字化推进举措，生动展现了广大人民群众对乡村建设的美好憧憬，为观察数字中国在乡村领域的拓展建设提供了一个清晰的图景。其中，数字化创新作为政府主导、整体推进的数字化发展的系统工程，在农业产业化、乡村治理、弥合城乡鸿沟等关键领域的创新举措，极具辨识度。

乡村文化内容的数字化创新是发展乡村文化、助力乡村文化振兴的重要环节。历史遗存、传统技艺、民间风俗、传统特色小镇等是乡村固有的文化资源。挖掘这些乡村文化资源的内涵，对乡村文化进行数字化转化和创新性发展，对活化乡村优秀文化，讲好乡村故事，推动乡村文化的传承和发展具有重要作用。如一些传统村落的数字博物馆借助数字化技术，以全景漫游、图文、影音、实景模型等多种形式，呈现传统村落的历史文化、民俗文化、风土人情等文化信息，同时也带动了乡村文旅、文化创意产业的融合发展。

乡村文化数字化的设施建设是基础。数字化设施是乡村文化数字化发展的根基，是推进乡村文化数字化建设的重要保障。《数字乡村发展战略纲要》中提出，到2025年，数字乡村建设取得重要进展，乡村4G深化普及、5G创新应用，城乡"数字鸿沟"明显缩小。应加快乡村人工智能、物联网等新型基础设施向乡村覆盖，完善数字影院、基层公共数字文化设施、智慧图书馆、智慧广电乡村工程的建设等，补齐乡村数字化文化基础设施短板，打造农村文化传播的信息矩阵，用科技手段提升乡村文化服务效能，使广大农民能共享数字经济红利。

我国数字经济的繁荣发展刺激了乡村数字化水平的不断提升，对乡村文化产业振兴起到了积极的促进作用。数字化是乡村文化产业转型升级、发展乡村特色文化产业，不断缩小城乡文化产业差距的客观要求，能进一步推动城乡融合发展①。

乡村文化数字化传播是新动能。乡村文化的数字化有助于传播效能的发挥，智能技术的发展促进了乡村文化的全民传播。网络直播、互动影视、VR和AR等交互性强的新媒介为乡村数字文化的传播提供了技术引擎，加快了乡村文化的传播速度。同时，智能技术降低了群众参与数字乡村文化传播的门槛，他们在各类自媒体平台上分享传统美食、传统书画、传统工艺、非遗等，讲好乡村新故事，传播乡村好风尚，展现乡村新气象，使传统文化的关注热度持续升高。

三、乡村民俗文化数字化对乡村振兴的意义

乡村民俗文化数字化对乡村振兴具有重要意义。通过数字化技术的运用和创新，可以推动乡村民俗文化的传承、创新和发展，拓展文化消费新场景，促进文化产业融合发展，强化数字文化设施建设。这不仅有助于提升乡村文化的软实力和影响力，也为乡村振兴提供了强有力的支撑和保障。因此，我们应该积极推进乡村民俗文化数字化的发展，为乡村振兴贡献智慧和力量。

（一）数字化助力文化传承，维护地方特色

乡村民俗文化作为中华优秀传统文化的重要组成部分，深刻体现了乡土情感的深厚和集体记忆的延续。它汇聚了中华民族数千年的智慧和创造力，并以独特的方式传承社会习俗、价值观念和艺术表现。然而，在现代化进程中，许多乡村民俗文化正面临逐渐消失和被遗忘的风险，这对中华民族历史遗产的传承来说是一个巨大的挑战。

如今，数字化技术的迅猛发展，为乡村民俗文化的保护和传承带来了新的机遇。通过数字化手段，可以将乡村民俗文化的音频、视频、图像等珍贵资料进行真实、生动地记录，使这些文化遗产得以永久保存。与此同

---

① 山蕊蕊，马婷婷.数字化赋能乡村文化产业振兴研究[J].新疆社科论坛，2023（1）：62-68.

时，数字化技术还能够以更加生动、有趣的方式将传统文化展现给公众，吸引更多人的目光，让更多人参与。这不仅能够增强人们对乡村民俗文化的认同感和自豪感，还能为乡村振兴提供强有力的文化支撑。通过数字化技术的应用，我们有机会将这份丰富的文化遗产传承下去，为后人留下宝贵的历史记忆。这不仅能够维护文化的多样性，更是对中华民族历史和地域文化的尊重和传承。

（二）创新乡村民俗文化内容，助力文化创新

数字化技术为乡村民俗文化内容的创新提供了前所未有的广阔舞台。传统上，乡村民俗文化深受地域和群体的限制，外界对其了解和欣赏的机会有限。数字化技术不仅打破了地域和群体的界限，还以更加开放、多元的方式将乡村民俗文化的内容展现给公众。

通过数字化技术，我们可以对乡村的民俗活动、手工艺品、民间故事等进行富有创意的再创作。通过与现代审美和时尚元素的结合，这些传统的乡村民俗文化内容得以焕发新的生机与活力，进而打造出具有时代感和吸引力的文化产品。这些创新的文化内容不仅丰富了乡村居民的精神文化生活，满足了他们对美好生活的向往，而且吸引了大量的外来游客。同时，乡村旅游的兴起，不仅让更多的人亲身体验到乡村的独特魅力，还推动了乡村经济的发展，为乡村带来了全新的经济增长点。可以说，数字化技术为乡村民俗文化内容的创新提供了强大的动力，使乡村民俗文化在新的时代背景下焕发出新的光彩。

（三）拓展文化消费新场景，激发乡村活力

随着数字化技术的持续进步，乡村民俗文化消费领域迎来了前所未有的创新与发展。以往，乡村民俗文化的消费形式多局限于特定的地域和时间，受限于面对面的交流与体验模式，无法有效触及更广泛的消费群体。然而，数字化技术的出现，极大地改变了这一现状，使得乡村民俗文化产品能够以更加轻松和便捷的方式抵达消费者手中。

借助互联网平台的力量，乡村的特色文化产品如手工艺品、节庆用品、民族服饰与配饰等得以迅速传播至全国乃至全球。通过视频、音频、图像等多种形式，消费者可以直观、全面地了解乡村民俗文化的内涵与魅力，从而激发其浓厚的兴趣和购买意愿。这不仅极大地拓宽了乡村民俗文化产品的市场，也为乡村经济的发展注入了新的活力。

更值得一提的是，数字化技术还催生了线上线下相结合的新型文化消费模式。消费者可以在线上浏览、购买乡村民俗文化产品，同时通过 VR 和 AR 等技术，体验乡村的自然风光、人文风情，感受乡村的独特魅力。这种线上线下相结合的模式，不仅丰富了消费者的文化体验，也为乡村提供了一个全新的展示与推广平台，有助于进一步推动乡村经济的持续发展。数字化技术为乡村民俗文化的消费打开了一扇全新的大门，为乡村民俗文化的传承与发展注入了强大的动力。

（四）促进文化产业融合发展，缩小城乡差距

数字化技术的深入应用助力文化产业创新升级，推动乡村振兴战略实施，为乡村民俗文化带来了前所未有的融合发展机遇。借助先进的数字化手段，乡村民俗文化能够精准地对接旅游、教育、健康等多元领域，打造出独具特色的文化产品和服务，为乡村经济发展注入新的活力。

具体而言，结合乡村的自然风光和独特民俗文化，可以设计出令人陶醉的乡村旅游线路，让游客在亲近自然的同时，深刻感受乡村民俗文化的独特魅力。此外，对乡村民俗文化的历史价值和教育资源进行挖掘，结合现代教育技术和手段，可以开发出富有教育意义的文化教育产品，为青少年提供丰富多样的学习体验。这种文化产业的融合发展，不仅丰富了乡村民俗文化的内涵，提升了其附加值和市场竞争力，还促进了不同产业间的良性互动和共同发展。此外，这种融合发展模式，不仅为乡村经济发展注入了新的动力，也为乡村振兴战略的实施提供了强有力的产业支撑，推动了乡村民俗文化的传承与创新。

（五）强化数字文化设施建设，促进文化传承与乡村振兴

乡村民俗文化数字化的推进还需要加强数字文化设施的建设。这包括建设数字化图书馆、博物馆、文化馆等公共设施，为乡村居民提供便捷的文化学习和娱乐的空间。数字化技术可以将乡村的历史文化、民俗风情等进行展示和传播，让乡村居民更加深入地了解和认同自己的文化。数字文化设施的建设，不仅仅是为了传承和发展乡村民俗文化，更是为了推动乡村社会的信息化和现代化进程。

在数字化浪潮下，乡村社会面临着转型升级的迫切需求。加强数字文化设施建设，可以促进乡村地区的信息化建设，提高乡村居民的信息素养，为乡村振兴提供强有力的技术支持。同时，数字文化设施的建设也能带动乡村地区的经济发展，为乡村地区创造更多的就业机会，提高乡村居民的生活水平。总之，数字文化设施的建设不仅有助于推动乡村民俗文化的传承和发展，也为乡村振兴提供了重要的基础设施保障。

第二节 "数字"+"文创"
——乡村民俗文化产品新形态

一、乡村文创

乡村文创是指以乡村文化为元素，结合创意设计，生产出具有地方特色的文化产品。而乡村民俗文化作为乡村文化的重要组成部分，为乡村文创提供了丰富的素材和灵感来源。数字化技术的应用，使得乡村民俗文化的挖掘、整理与传播变得更加高效和便捷。通过数字化技术对乡村民俗文化进行创意转化，可以打造出独具特色的乡村文创，满足消费者对于文化体验和审美追求的需求。

在乡村文创的实践中，我们可以利用数字化技术，对乡村民俗文化的元素进行提取和再设计。例如，通过数字化手段对传统手工艺品进行复刻和优化，让更多的人能够欣赏和购买这些独特的文创产品。同时，结合现代设计理念和技术手段，可以创造出更加符合现代审美和需求的文创产品，为乡村文创产业的发展注入新的活力。

二、乡村民俗文化与文创产品

乡村民俗文化是在长期的农耕文明和乡村生活中形成的，它包含了民间文学、音乐、舞蹈、戏曲、手工艺、建筑艺术等多种表现形式。这些文化元素既体现了乡村人民的智慧和创造力，也反映了他们对生活的热爱和对自然的敬畏。乡村民俗文化以其独特的魅力，成为连接过去与未来、传统与现代的桥梁。

文创产品设计是以创意为核心，将传统文化元素与现代设计理念相结合，创造出具有独特美感和市场价值的产品。在文创产品设计中，创新思路的拓展至关重要。设计师们需要突破传统思维的束缚，以全新的视角审视乡村民俗文化，发掘创意元素。同时，设计师们还需要关注市场动态和消费者需求，将传统文化元素与现代审美趋势相结合，打造出既符合市场需求又具有文化内涵的文创产品。

将乡村民俗文化与文创产品设计相结合，可以打造出既具有乡村特色又具有创意的产品。设计师们可以从乡村民俗文化的多个方面汲取灵感，如民间手工艺、传统节庆、民间故事等方面。将这些元素巧妙地融入产品设计中，不仅可以赋予产品独特的文化内涵，还能提升产品的艺术价值和市场竞争力。

此外，在融合乡村民俗文化元素的过程中，设计师们还需要注重产品的实用性和可持续性。他们需要考虑到消费者的实际需求和使用场景，使产品既美观又实用。同时，他们还需要将环保和可持续发展的理念融入产品设计中，以减少对环境的负面影响。

随着人们对传统文化价值的重新认识和对美好生活的追求，乡村民俗文化与文创产品设计的结合将拥有更加广阔的市场前景。未来，我们期待看到更多设计师们以乡村民俗文化为灵感来源，创作出更多富有创意和内涵的文创产品。这些产品将为人们带来美的享受和心灵的愉悦，有助于推动乡村民俗文化的传承与发展，实现传统文化的活化与创新。它们丰富了人们的物质生活和精神世界，为乡村民俗文化的传承与发展注入了新的活力。

三、数字化乡村民俗文创设计的意义

数字化乡村民俗文创设计不仅是对传统文化的保护与传承，更是一种创新的经济发展模式。它融合了现代科技、创意创新，并致力于市场拓展，为乡村发展注入了新的活力。在当今全球化和信息化的时代背景下，传统文化的传承与发展面临着前所未有的挑战与机遇。数字化乡村民俗文创设计的出现，为传统文化的传播与发展提供了新的路径。

首先，数字化乡村民俗文创设计能够有效地传承乡村民俗文化。乡村民俗文化是我国传统文化的重要组成部分，它承载了丰富的历史信息和民族智慧。然而，随着现代化进程的推进，部分乡村民俗文化逐渐消失或淡化。数字化乡村民俗文创设计通过数字化技术，将乡村民俗文化的元素、符号和传统技艺进行保存和展示，让更多人了解和认识乡村民俗文化，从而推动乡村民俗文化的传承和发展。这种传承不仅是对传统文化的尊重和保护，更是提升乡村民俗文化自信的一种表现。

其次，数字化乡村民俗文创设计能够促进乡村经济的发展。乡村经济一直是国家经济发展的薄弱环节，而数字化乡村民俗文创设计则为乡村经济发展提供了新的契机。通过设计创新的产品或服务，如文创产品、乡村旅游等，吸引游客和消费者，增加乡村的知名度和影响力，带动乡村旅游业和相关产业的发展。这不仅有助于提升乡村的经济收入，还能为乡村居民提供更多的就业机会，推动乡村经济的持续健康发展。

再次，数字化乡村民俗文创设计还能融合现代科技，创造出全新的文化体验。现代科技手段如虚拟现实、增强现实、大数据分析等，能够与乡村民俗文化相结合，为游客和消费者带来更加生动、直观的文化体验。这种融合不仅能够提升乡村民俗文化的吸引力，还能推动现代科技在乡村的普及和应用，提高乡村的整体科技水平。

最后，数字化乡村民俗文创设计通过创意创新和市场拓展，为乡村发展注入新的活力。创意创新是数字化乡村民俗文创设计的核心，它能够激发设计师和创作者的灵感，挖掘乡村民俗文化的内在价值，结合现代审美和消费需求，创造出独具特色的文化产品。同时，市场拓展也是数字化乡村民俗文创设计的重要目标，通过数字化手段将乡村民俗文化产品推向更广阔的市场，吸引更多的消费者关注，为乡村民俗文化的商业化发展创造更多机会。

综上所述，数字化乡村民俗文创设计在传承传统文化、促进经济发展、融合现代科技、激发创意创新、拓展市场渠道，以及增强乡村魅力等方面具有重要意义。它不仅是对传统文化的保护与传承，更是一种创新的经济发展模式，为乡村发展带来了新的生机。通过数字化乡村民俗文创设计的推动，我们可以期待乡村民俗文化会迎来更加繁荣的发展。

四、数字化乡村民俗文创设计的应用

（一）石刻文物的数字化保护

民俗产品作为中华民族文化的重要载体，承载着深厚的历史底蕴与民族特色。这些产品具有独特的文化价值，是传承和发展民族文化的重要资源。然而，当前民俗产品的保护现状存在着技艺失传、产品同质化严重等问题。为保护民俗产品，需要加强技艺传承，建立档案库，促进技艺交流与创新，更需要结合现代化设计理念，加强数字化产品保护，存续文化内容。

数字拓片生成技术是利用三维激光扫描、近景摄影测量等多种技术手段，以非接触方式对石刻文物进行高精度、精细化多源数据采集，综合利用三维建模、计算机视觉、互联网、人工智能等多领域交叉知识，形成电子拓片、石刻文物展示系统和碑文数据库等成果，以实现对石刻文物存档、多媒体展示、信息管理等的数字化保护。

（二）展陈式文创产品

展陈式文创产品是指基于文化遗产、历史艺术等元素，通过创意设计和现代化手段，打造出的具有展示和陈列功能的文化产品。这些产品不仅承载着丰富的历史文化内涵，更以独特的设计和形式吸引着人们的目光。展陈式文创产品不仅是对传统文化的传承和创新，也是对现代审美和生活方式的呼应和融合。它们通过展示文化的魅力和价值，增强人们对传统文化的认同感和自豪感，同时也为文化创意产业的发展注入了新的活力和动力。

（三）游戏式文创产品

游戏式文创产品是指将游戏元素与文化创意相结合，创造出一种集娱乐、教育、文化体验于一体的新型产品。这类产品不仅具有丰富的创意元素，而且注重情感共鸣，能够让用户在互动中感受到传统文化的魅力。游戏式文创产品通过关卡设计与任务系统，引导用户主动探索和体验，增强了用户的参与感和沉浸感。同时，跨媒体传播的方式，让产品能够覆盖更广泛的受众群体，提高了乡村民俗文化传播效率。互动性设计则是游戏式文创产品的核心，它让用户能够参与产品的创造和传播过程，形成了一种全新的文化体验方式。这类产品不仅满足了现代人们对娱乐和文化的需求，也推动了文化创意产业的发展和创新。

随着文旅融合与新媒体技术的发展，参与性、互动性和体验式旅游成为新时期旅游发展的新趋势，越来越多的文化遗产借助新媒体走进大众视野，新媒体技术文化产品以高效、生动和互动方式，发挥重要的文化展示和教育功能。尤其是通过交互式学习传播，年轻人在游戏中能够获得知识，强化文化体验认知。这已成为数字化文创游戏产品开发的重要方向。《回忆江永》动态 App 就是一个可应用于展馆现场和手机在线操作的女书文化互动式推介的数字化文创产品。女书是一种可以吟唱的文字，"坐歌堂"是女书文化中重要的婚嫁习俗之一，女书文化不仅涵盖独特的性别文字——妇女专用文字，也意蕴着神奇的音乐文化。

（四）数字民俗藏品

NFT 全称为 Non-FungibleToken，指非同质化通证。数字民俗藏品是以数字化技术为载体，展现乡村民俗文化的独特艺术形式。它融合了传统民俗元素与现代科技，实现乡村民俗文化的数字化呈现。数字民俗藏品是基于区块链技术打造的虚拟文化商品，它作为乡村民俗文化的社会资产，拥有不可复制与不可篡改的唯一数字凭证，是藏品的永久存证。这些藏品兼具唯一性和稀缺性，数字化手段确保了其真实性，让乡村民俗文化以平民化的方式触及更广泛的群体。这些藏品不仅具有收藏与交易价值，更承载着文化传承的意义，助力乡村民俗文化的传播与发展。展望未来，数字民俗藏品在行业应用中具有广阔前景，将推动文化产业创新发展。

NFT 艺术品创作大师 Shruti Verma 所创作的十二生肖系列 NFT 数字藏品，选择我国具有深厚民间底蕴的民俗十二生肖进行创作，具有高度的认可度。

十二生肖系列NFT数字藏品是科技对传统文化的双向赋能。以传统文化中蕴含的乡村民俗文化的深厚底蕴作为内容源泉，以NFT作为新载体，实现传统文化与NFT的相辅相成、互相成就，打破了大众与NFT艺术之间的壁垒，让传统文化乘着数字艺术发展的潮流飞入寻常百姓家。

（五）文化产品包装

文化产品包装是指对具有文化内涵的商品进行包装，其核心在于通过包装来展现产品的文化特色，提升产品的价值。数字化文化产品包装是指利用数字化技术和互联网思维，对文化产品进行包装设计的创新方式。它突破了传统包装的局限，将包装与数字化媒体相结合，为文化产品赋予更多的智能化功能，提升文化产品的附加值和市场竞争力。文化产品包装借助数字印刷、RFID（无线射频识别，是一种通信技术）、NFC（近距离无线通信技术）等前沿技术，将包装盒数字化，实现防伪、溯源、鉴真等功能。同时，通过多样化的感知入口，使包装成为与消费者互动的媒介，为消费者提供更加丰富和个性化的体验。在视觉与审美设计上，数字化文化产品包装采用数字化手段，创造出新颖独特、靓丽有质感的外包装，增加产品的附加值。

"阅茶"包装以传播太平猴魁茶文化为基础，结合AR技术完成创意包装设计，其外包装以"书"和"竹简状容器"为载体，将太平猴魁制茶非遗技艺应用于图案设计制作中，把翻阅书籍学习文化的元素植入包装使用行为，强化了包装的趣味性。太平猴魁交互包装的基本信息架构包括三个方面的内容：商品信息承载、包装交互体验和社交价值传递。太平猴魁交互系统包括"知茶源""识茶礼""品茶味""戏茶事""社交平台"五个功能模块。"知茶源"模块对品牌、企业、产地等内容进行介绍，用户可实时查看茶的产地、年份等信息。"识茶礼"模块展示茶的制作工艺，传播茶文化和非遗知识。"品茶味"模块介绍不同种类茶的冲泡方法。"社交平台"模块能够满足用户的社交需求，同时也有助于品牌推广[①]。

---

① 张华,刘叶青,全心怡.基于增强现实技术的交互式包装设计:以太平猴魁AR包装为例[J].湖南工业大学学报（社会科学版）,2020(3):22-29.

第三节 "数字" + "旅游"
——乡村民俗文化与乡村旅游

一、乡村旅游

乡村旅游是指以乡村自然风光、民俗文化、农业生产等为主要吸引物，满足游客休闲、娱乐、度假等需求的旅游活动，是一种融合农业、文化、生态和社会发展的旅游模式。它通过游客与乡村社区的互动，推动乡村的全面发展，实现经济、社会和环境的和谐共生。乡村旅游在促进经济发展、提升文化遗产保护和传承水平、改善生态环境等方面具有重要意义。通过发展乡村旅游，可以带动就业增收，增强乡村活力，为城乡居民提供交流与互动的平台。乡村旅游还能推广乡村文化，让更多人了解和欣赏乡村的风土人情。我们可以从多个维度对其进行深入理解。

首先，从字面意义上看，乡村旅游发生在乡村地区，这包括农村地区、郊区，以及具有乡村风貌和农业活动的地方。这些地区通常拥有独特的自然景观，如山光水色等，以及丰富的农业资源，如农作物、畜牧业资源等。其次，从更深层次上看，乡村旅游不仅仅是一个地理概念，更是一种文化和体验的融合。它强调游客与乡村社区的互动，包括参与农业活动、体验乡村生活、了解乡村文化等。这种互动让游客能够更深入地了解乡村的历史、传统和生活方式，从而增强游客对乡村的认同感和归属感。再次，乡村旅游还承载着重要的经济和社会功能。它有助于推动乡村经济的发展，增加就业机会，提高当地居民的生活水平。最后，乡村旅游还能够促进城乡之间的交流和融合，有助于缩小城乡差距，实现城乡一体化发展。

二、乡村民俗文化与乡村旅游

在乡村旅游的丰富内涵中，乡村民俗文化无疑占据了至关重要的位置。它不仅为游客提供了更加多元化、个性化的旅游体验，还丰富了旅游的内容。游客漫步在古朴的乡村小道上，感受着周围浓厚的历史与文化气息，参与着各种传统民俗活动，这样的体验无疑让游客难以忘怀。而这种体验正是乡村旅游与其他旅游方式的核心区别所在。通过展示和传播乡村民俗文化，乡村旅游不仅为游客带来了独特的体验，更重要的是，它增强了游客对乡村民俗文化的认同感和归属感。这种认同感和归属感不仅提升了旅游的整体品质，还很可能让游客对这片土地产生深深的情感。如果乡村能够有效地发掘和利用自身的民俗文化资源，那么它们将会塑造出独特且令人瞩目的旅游品牌。

乡村旅游的蓬勃发展，能够为乡村民俗文化带来新的生机。首先，乡村旅游为乡村民俗文化的传承和创新提供了有力的支持。在乡村旅游的推动下，许多曾经濒临消亡的乡村民俗文化得以重新焕发生机。村民们意识到乡村民俗文化的重要性，开始更加珍视并传承这些宝贵的文化遗产。其次，乡村旅游显著提高了乡村民俗文化的知名度和影响力。随着越来越多的游客来到乡村，他们被这里的文化深深吸引，并将乡村民俗文化传播给更多人，向他们推荐此地。这种行为不仅能够让更多的人了解和关注乡村民俗文化，还能够为乡村的发展带来了更多的机遇。最后，乡村旅游也为乡村经济的发展注入了强劲的动力。游客数量的增加，能为当地居民创造更多的就业机会，进而推动地方经济的繁荣，还能为乡村民俗文化的保护和发展提供更多的资金和资源支持。这样的支持有助于形成乡村发展的正向循环，使村民们可以更加专注于文化的传承和创新，进而推动乡村民俗文化的繁荣发展。

三、数字化乡村民俗文化旅游的意义

在乡村民俗文化与乡村旅游的结合中，数字化技术的应用不仅为二者之间的融合提供了更多的可能性，也为乡村民俗文化的传承与发展开辟了一条新的道路。

在乡村民俗文化的传承上，现代科技手段如虚拟现实和增强现实等创新技术，为我们打开了一扇通往历史深处的大门。通过这些前沿技术，我们可以精准地重现乡村的历史生活场景，让游客仿佛穿越时空，置身于古老而淳朴的乡村生活之中。他们可以看到古老的农舍、传统的农耕工具，甚至亲身体验到乡村的日常生活和节庆活动。这种沉浸式的体验，让游客不再只是简单地浏览和观察，而是真正参与乡村生活，与乡村的历史和文化进行亲密而深入的接触。这样的体验不仅让游客对乡村民俗文化有了更加全面和深入的了解，也极大地激发了他们对乡村民俗文化的兴趣和好奇心。同时，这种现代科技与传统文化的结合，也为乡村民俗文化的传承注入了新的活力和动力。这种结合方式让乡村民俗文化不再局限于口头传播和书面记录，而是以更加生动、有趣的方式呈现给更广泛的受众，吸引更多的人参与乡村民俗文化的保护和传承。这样的文化传承方式不仅具有创新性，也更加符合当代人的审美需求，对推动乡村民俗文化的可持续发展具有重要的意义。

在乡村旅游的推广上，数字化技术发挥了不可替代的作用。传统的乡村旅游宣传方式，往往受到地域、时间等多种因素的限制，而数字化技术则打破了这些限制。通过社交媒体、短视频等网络平台，我们可以轻松地将乡村的美丽风光和深厚的文化底蕴展现给全世界的游客，可以大大提高乡村旅游的知名度和影响力。这不仅能为乡村带来更多的游客，也为当地的经济发展注入新的活力。

数字化技术的迅猛发展为乡村旅游带来了革命性的变化。它不仅极大提升了服务的个性化和智能化水平，还为游客带来了更加便捷和高效的旅游体验。在过去，游客规划乡村旅游行程往往是一项烦琐的事，需要投入大量的时间和精力去搜集信息、规划路线、预订酒店等。然而，随着大数据和人工智能等数字化技术的广泛应用，这些难题得到了有效解决。如今，乡村旅游地可以借助大数据分析，精准地掌握游客的旅游需求和偏好，为他们提供个性化且精准的旅游推荐。游客不再需要为了规划行程而焦头烂额，只需要通过智能手机或电脑，就能轻松获取符合自己兴趣和需求的旅游方案。这种智能化的服务不仅节省了游客的时间和精力，还能确保他们能够享受到更加优质的旅游体验。

此外，数字化技术还为乡村旅游带来了更加深入的文化体验。通过分析游客的喜好和行为模式，乡村旅游地可以为游客提供更加丰富、多样的文化活动和体验。游客不仅可以欣赏到美丽的自然风光，还能亲身参与各种乡村民俗活动，深入了解乡村民俗文化的内涵和魅力。这种深度的文化体验让游客更加深入地感受到乡村旅游的独特之处，也让他们留下了难忘的回忆。

随着数字化技术的不断发展和完善，乡村旅游将会迎来更加广阔的发展空间。

四、数字化乡村民俗文化旅游的应用

（一）数字漫游

数字漫游设计是一种利用数字技术创建沉浸式虚拟漫游体验的设计方式。它结合3D建模、动画制作和交互技术，将现实世界或想象空间的场景以数字化的形式呈现给用户。在数字漫游设计中，设计师通过精细地建模和渲染，打造出逼真的虚拟环境，用户可以在其中自由漫游。同时，数字漫游设计注重人机交互属性，用户可以与虚拟场景中的物体进行互动，获取更多的信息和体验。这种设计方式不仅为用户带来了全新的视觉和交互体验，也为各行各业提供了新颖的展示和宣传方式，有助于提升品牌形象和用户黏度。

"寻境敦煌"虚拟漫游是在国家文物局"互联网+中华文明"行动计划指导下，由敦煌研究院联合腾讯共同推出的一个在线体验敦煌壁画和塑像的平台。通过这个平台"马上游"功能，用户可以随机进入一座莫高窟中的一个洞窟，欣赏唐代佛教艺术的瑰宝。作为数字敦煌资源库的首个深度文化知识互动项目，"寻境敦煌"围绕莫高窟第285窟，为用户提供了沉浸式的虚拟体验，让他们能够深入了解和感受敦煌壁画的独特魅力。

在莫高窟旅游景点，游客可在景区内"寻境敦煌—VR虚拟漫游展厅"通过佩戴VR设备，身临其境"走进"第285窟。游客不仅能打破时空束缚，穿越到1400多年前"刀林剑雨"的壁画世界，还能与"雷公"等40余位"众神"飞跃云端、一同奏响天乐。游览结束后，游客还可以来到虚拟拍摄区，完成"真人+虚拟场景"视频打卡，把"虚拟体验"留在现实，将美好的回忆永远留存纪念。

（二）虚拟导游

虚拟导游是一种结合先进虚拟现实技术的创新导览服务方式。它通过现代智能手段，为游客提供身临其境的游览体验。游客可以在未到达实景场景下，借助虚拟导游全景预览技术详细了解景区各个角落的风光与特色。此外，虚拟导游还具备智能交互功能，可以根据游客的需求为游客提供个性化的导览信息，使旅游体验更加便捷和丰富。通过虚拟导游，游客不仅可以享受旅游的乐趣，还能更好地了解景区的历史文化内涵。随着技术的不断进步，虚拟导游将为游客带来更加真实、生动的旅游体验，是未来旅游业发展的重要趋势之一。

皇城相府是山西省晋城市阳城县的一个旅游景点，景区中有三维实景导览、陈廷敬虚拟导游、AI智慧拍照、AR实景演艺……在景区内，游客只需下载App，便可感受5G与AR技术带来的智慧体验，在实景游玩中突破时空限制，听"陈廷敬"讲述其家族背后的历史故事，感受百年相府的历史变迁；还可以与"陈廷敬"同框，与一代名相"合影"……

屯兵洞是皇城相府最壮观的景点之一，也是游客们不可错过的"打卡地点"。但许多游客只是对建筑的宏伟叹为观止，对其背后的含义与历史并不了解。现在，使用云游山西App扫描景点就能获取陈廷敬虚拟导游的详细讲解，走动或转动手机即可与景区进行真实生动的增强现实交互，实现了"所见即所得"。游客在更加了解景点的同时，也能获得更加生动有趣的智能化游览体验，深度感受皇城相府所承载的珍贵历史和中华民族文化。

（三）景区内的导视设计

景区内的导视设计是提升游客体验与增强景点品牌形象的关键。其目的在于为游客提供清晰、便捷的导航信息，引导他们顺畅游览。导视设计还需注重实用性与美观性的结合，既要满足游客的基本需求，又要展现景点的独特魅力。通过优化导视设计，可以有效提升游客对景区的认知度和满意度，增强景区的品牌形象，从而吸引更多游客前来游览。数字化导视设计是提升旅游体验和打造景区特色中需要关注的一个亮点。

数字栩生公司依托张掖大佛寺深厚的历史和文化底蕴，运用"光场重建"技术、智能解耦技术以及AI实时换脸技术，成功塑造了一个高度逼真的数字人形象——云灼。这个数字IP不仅再现了张掖大佛寺的历史文化，也是对中华传统文化的传承和推广。大佛寺通过数字人生动地向游客介绍其历史和宗教文化，并通过虚拟展览展示珍贵的文物，使古老的历史在现代焕发新生，为文化传承提供了一个全新的数字化平台。云灼既具有轻盈如云、光彩照人的美貌，又具有巾帼不让须眉的英气，完美还原了古代党项民族公主的形象。她身上所体现的西夏时期文化特色，是对党项服饰和外貌特征的具体展现。

（四）景区交互装置

景区交互装置，是指在旅游景点内设置的一种能够与游客产生互动的设备。它通过先进的技术与创新的设计理念，不仅提升了游客的游览体验，还增强了景点的吸引力和竞争力。交互装置的核心技术要素包括传感器、人工智能等，能够实现多种形式的互动体验，让游客能够亲身参与并感受不同的乐趣。景区交互装置还融合了艺术性与科技性，将传统文化与现代科技相结合，创造出独特的视觉效果和互动体验。通过互动体验与参与，游客能够更深入地了解景点的文化内涵和历史背景，增强对品牌的认知度和好感度。

例如，《黎家民俗录》以互动翻书的形式通过书本互动投影与弧形墙投影联动，每一页讲述一个黎族传统民俗文化故事，通过文字、图片、视频的形式，将黎族的传统民俗文化用现代科技呈现出来。

（五）景区室内舞台装置

舞台装置是指为戏剧、演出或其他表演活动所设计的舞台布景、道具、灯光、音响等视觉和听觉元素的综合体现。它旨在创造特定的舞台空间、氛围和视觉效果，以支持演员的表演，传达戏剧的主题与情节，引导观众的视线和情感，营造出适合表演的环境和场景。舞台装置的设计通常根据剧本的要求、导演的艺术构思，以及舞台的空间布局等因素进行综合考虑。它包括了舞台背景、道具、灯光、音响等各个方面，这些元素相互配合，共同构建出符合剧情需要的舞台空间。

文旅演艺剧要融合具有共通性的文化思想，遵循大众审美新趋向，传承历史文化精神，发掘红色文化资源，讲好中国故事，体现时代精神，展现中国气派，让中华文明的精神通过演艺的形式根植于心，凝铸于魂，以此深度构建国家形象，增强文化自信。2021年6月正式开城的"只有河南·戏剧幻城"规模宏大、独具气派，被称作目前世界上最大的戏剧部落群之一。在设计上，该剧将剧场整体空间分隔为56个表现不同主题的空间，带领游客在空间的变换中体验历史的变迁，从而具身式地触摸中原文脉，感受河南文化气象。"只有河南·戏剧幻城"充分挖掘并展现了中原文化脉络的共同体资源，在观众具身式的体验中展现河南中原文化气象，构筑中华文化共同体形象，从而激发了文化自信的内生动力，因此被誉为"直抵中原文化、黄河文明的内核"，具有超前的、引领式的艺术价值和社会价值。"只有河南·戏剧幻城"开掘文化共同体的尝试与努力，为文旅演艺剧的发展提供了更多的创作思路和表达空间。

"一态一核心"，即以融合创新为态度，以游客与景区的互动关系为核心。融合创新须从两个维度进行：一是"融"，即从文化母体着手，将历史文化与时代精神相融合，实现历史与现实的协调，如《丽江千古情》在展现丽江文化中表现了艰苦奋斗、敢于开创、追求自由等精神；二是"创"，即结合当下新需求、新技术、新机遇，推动中华优秀传统文化创造性转化、创新性发展，弘扬中国特色社会主义先进文化，对核心思想、优秀美德和人文精神进行再现、再创、再生式的表达，如"只有河南·戏剧幻城"以21个剧目横跨数千年的发展历史，通过人物群像展现文化的广博与深厚，表现河南文化底蕴与人文精神。

（六）室外光影秀

室外光影秀是一种融合创意、技术与艺术的综合性表达方式，它通过运用先进的照明设备、投影技术和音效系统，在室外空间创造出引人入胜的视觉效果和听觉体验。这种形式旨在通过光影、色彩与音乐的交织，营造出超越传统表演形式的沉浸式感官盛宴，为观众带来前所未有的视觉享受和情感体验。室外光影秀不仅仅是对技术的展示，更是对创意、美感和故事性的追求，它需要设计师在充分理解场地特点和观众需求的基础上，将各种元素有机结合，打造出一个富有想象力、感染力和互动性的光影世界。在这个世界里，光与影的变幻成为语言，色彩与节奏的组合成为旋律，共同演绎着一场场视觉与听觉的交响盛宴。

二宜楼位于华安县仙都镇大地村，它是我国圆土楼古民居的杰出代表，素有"土楼之王""国之瑰宝"之美誉，以规模宏大、设计科学、布局合理、保存完好闻名遐迩，为全国重点文物保护单位。二宜楼是单元式与通廊式有机结合的典范，建筑平面与空间布局井然有序，防卫系统构思严谨，建筑装饰精巧华丽，文化内涵丰富，整个建筑追求天地人的和谐统一。但二宜楼"白天看景，晚上走人"是景区休闲旅游的短板，也不能带动产业的发展。随着旅游产业的升级，旅游市场对旅游目的地建设提出了更高的要求。传统的旅游模式已不能满足游客的需求，二宜楼需要更丰富的旅游产品和旅游吸引物来留住游客。

二宜楼裸眼 3D 互动影像大型跨平台实景演绎艺术项目以丰富旅游体验、活化遗产文化为理念，旨在从多个角度对二宜楼进行夜间旅游产品的开发。这个项目不仅完善了二宜楼景区服务配套设施，提升了景区品牌与品位，还促进了旅游经济效益的发展。实行二宜楼艺术项目的"活化"，让二宜楼文化遗产融入当代人的生活，使人们能够在与历史文化的对话中增长知识、增添智慧、丰富心灵。保持历史的活力是城市文化生命力的源泉。文化遗产保护工作越是能够拓展其"活化"的途径，其效果就越显著。同时，这样的做法也能增强人们对文化遗产的情感寄托、认同感和心灵体验。

（七）休闲农牧场

休闲农牧场通常以当地特色的农业资源为基础，向城市居民提供安全绿色的农产品，从而满足城市人群对高品质乡村生活方式的体验需求。从生态功能建设与乡村价值呈现的角度来说，休闲农场依靠自然乡村的环境优势，集生态农业、乡村旅游、科普教育、休闲度假等多功能于一体，突出绿色乡村的经济价值、社会价值和生态价值，既是一种现代农业创新的经营体制，也是一个新型农业与旅游产业相结合的综合体。

龙泉市龙南乡下田村采用"数字农业+大屏集成+线上认养"模式，形成生产数字化、销售多元化、信息智能化、产品可溯源的高山特色农业生产销售新格局。通过虚拟智慧农场小程序，借助物联网技术赋能农业前端，搭建农产品全程追溯体系。在生产端，利用气象监测、物联传感、大数据、农事生产管理系统、智慧屏等构建标准化生产管理体系；在销售端，利用网络平台向消费者提供土地认养全天候在线直播、一对一管家式服务等，使下田村成为现实版的"开心农场"，让更多人了解当地农耕文化和农耕习俗。

第四节　"数字"+"传播"
——乡村民俗文化新媒体传播记录

一、乡村传播

乡村传播是一个复杂且多元的社会现象，它涵盖了乡村社会内部以及乡村与外部社会之间的信息交换过程。从狭义的角度理解，乡村传播主要关注如何将新技术、新产品、新思想及其价值观念普及到乡村社会中去。这一过程依赖于多种媒介，包括大众媒介、人际传播媒介、组织传播媒介和群体传播媒介等。这些媒介在乡村社会中扮演着至关重要的角色，它们帮助农民了解乡村以外世界的新动态，提高农民生活质量，促进乡村经济发展。从广义的角度来看，乡村传播是对乡村社会内部及乡村与外部社会之间所有传播现象的总称。它不仅包括乡村社会的传播类型、传播模式、传播效果，还涉及传播者、受传者以及与乡村社会发生信息交流的传播活动。这种传播活动是乡村发展的重要驱动力，有助于推动农村经济的增长，促进乡村文化的繁荣，提高农民的综合素质，推动乡村社会的整体进步。

随着乡村社会环境的变化和信息传播生态的演进，乡村传播的功能边界也在不断拓展。例如，互联网和新媒体技术的普及使得乡村传播更加高效和便捷，为乡村发展提供了更多的机会和可能性。同时，乡村传播也面临着新的挑战和机遇，如何更好地利用现代传播手段，推动乡村的全面振兴，是当前亟待解决的问题。

二、乡村民俗文化与新媒体传播

乡村民俗文化作为传统文化的重要组成部分，反映了乡村社会的历史变迁、风土人情、生活方式和价值取向，是乡村居民集体记忆与情感认同的重要载体。然而，随着现代化进程的推进，乡村民俗文化面临着传承与创新的双重挑战。在这一背景下，新媒体的崛起为乡村民俗文化的传播与传承提供了新的契机。

新媒体传播以其快速、便捷、互动的特点，打破了传统传播方式的时空限制，使得乡村民俗文化能够更广泛地传播到社会的各个角落。通过互联网、移动终端等新媒体平台的传播，乡村民俗文化的魅力得以充分展现，也吸引了更多人的关注和参与。新媒体传播不仅为乡村民俗文化提供了更广阔的市场空间，还促进了乡村与外部的交流与合作，为乡村经济的振兴和文化的传承奠定了基础。

新媒体传播还为乡村民俗文化的传承与创新提供了可能。传统的乡村民俗文化往往依赖于口头传授和亲身示范的方式进行传承，这种方式受到时间、空间等因素的限制，导致传承效果有限。而新媒体传播借助数字化技术，将乡村民俗文化以文字、图片、音频、视频等多种形式进行保存和传播，使得乡村民俗文化的传承更加便捷和高效。同时，新媒体传播还鼓励乡村居民参与文化创新，通过创作新的民俗作品、开发民俗旅游项目等方式，丰富乡村民俗文化的内涵和形式，使其更具吸引力和时代感。

然而，新媒体传播也为乡村民俗文化的传承带来了一定的挑战。一方面，新媒体传播的快速性和碎片化特点可能导致乡村民俗文化被过度商业化，从而失去其原有的纯粹性和独特性。另一方面，新媒体传播中的信息繁杂和多元也可能导致乡村民俗文化在传播过程中被误解或误读，进而影响其形象和认同。

因此，在利用新媒体推动乡村民俗文化传播与传承的过程中，我们需要保持审慎和理性的态度。我们既要充分利用新媒体的优势，推动乡村民俗文化的广泛传播和深入发展，又要注重保护和传承乡村民俗文化的原汁原味，避免其被过度商业化和异化。同时，我们还需要加强对乡村民俗文化的研究和阐释，提高公众对乡村民俗文化的认知和理解，为其传承与创新创造更加有利的环境和条件。

三、数字化乡村民俗文化新媒体传播的意义

在数字化浪潮中，新媒体技术的迅猛发展为乡村民俗文化的传播和传承提供了新的动力。数字化乡村民俗文化新媒体传播不仅是对传统传播方

式的创新与升级，更是乡村文化振兴和发展的重要手段，其深远意义具体表现在以下两个方面。

第一，数字化乡村民俗文化新媒体传播对于保护和传承乡村民俗文化具有不可替代的价值。乡村民俗文化作为我国深厚的文化土壤中的一部分，既承载了丰富的历史底蕴，又展示了独特的地方特色。然而，随着现代化和城市化进程的推进，部分乡村地区的民俗文化逐渐失去了生存的土壤，面临着消失的危险。数字化技术的运用，使我们能够将乡村民俗文化中的各类元素，如音乐、舞蹈、戏曲、手工艺等，进行精细的数字化处理。这些处理后的数字资源，能够存储在云端或移动设备上，使得乡村民俗文化能够长久保存。与传统的保存方式相比，数字化保存不仅更加便捷、高效，还能有效避免资源因自然或人为因素而遭受损坏。同时，新媒体平台还能够广泛传播这些数字资源，让更多人了解和欣赏乡村民俗文化，从而增强乡村民俗文化的社会影响，提升人们对乡村民俗文化的认同感。这种跨地域、跨文化的传播方式，还能激发更多人对乡村民俗文化的兴趣和热爱，进一步促进乡村民俗文化的传承与发展。

第二，数字化乡村民俗文化新媒体传播对于促进乡村经济发展和提升乡村形象具有积极意义。通过数字化技术，我们可以将乡村民俗文化的魅力和特色进行生动展示，让游客在虚拟空间中便能感受到乡村的独特韵味和浓郁文化，从而激发他们的兴趣。当游客被这些精美的数字化内容吸引后，他们很可能转化为实际的旅行者，亲身前往乡村体验这些文化的魅力，进而带动乡村旅游业的发展。同时，新媒体平台如互联网、移动应用等，为乡村的特色产品、手工艺品等提供了更广阔的推广渠道。传统的乡村产品常常因为宣传手段有限而难以被外界知晓，但现在，借助数字化技术和新媒体的力量，这些产品可以得到更加精准和广泛的宣传，进而拓展市场，提高销量。这不仅为乡村居民增加了收入，也为乡村经济注入了新的活力，促进了乡村经济的繁荣。此外，利用数字化传播乡村民俗文化还是提升乡村整体形象和知名度的重要途径。通过新媒体，我们可以将乡村的美丽风光、和谐生活、独特魅力等展示给全世界，让更多人了解乡村、关注乡村。

这种正面的宣传，不仅可以吸引更多游客前来乡村旅游、投资兴业，还可以提高乡村在全社会中的认知度和美誉度，为乡村的可持续发展创造有利的条件。

数字化乡村民俗文化新媒体传播对于保护和传承乡村文化、促进乡村经济发展和提升乡村形象具有重要意义。通过数字化手段，乡村的独特魅力和深厚底蕴得以广泛展现，进而吸引外界关注和投资，促进乡村旅游和特色产业的发展。同时，新媒体传播也极大提升了乡村形象。展望未来，我们应积极运用新媒体技术，为乡村民俗文化的繁荣与发展贡献力量，共同书写乡村振兴的壮丽篇章。

四、数字化乡村民俗文化新媒体传播的应用

（一）长视频

长视频是指片长在30分钟至1小时甚至更长时间的视频作品，主要包括电影、电视剧、纪录片、微电影等。长视频以专业机构制作为主，在制作过程中需要考虑多种因素，如艺术表现、主题诠释、形象刻画、故事叙述等。与短视频相比，长视频更适合表达更为严肃、庄重和具有深度的内容，它不仅具有观赏性，还能引发观众更深层次的思考。

纪实作品《苗寨八年》以人物生活轨迹和非物质文化遗产为双重主线，聚焦少数民族村寨非物质文化遗产在新时代的创造性转化，创新性发展，塑造了一个乡村发展和乡村非遗共生共荣的典型个案，引人深思。民族地区是推进乡村振兴工作的重点区域，其基础薄弱、难度大、任务重。然而，民族地区也有其自然地理、生态、文化资源优势，尤其是其非物质文化遗产数量众多，特色鲜明。我们需要贯彻"保护为主、抢救第一、合理利用、传承发展"的工作方针，在充分进行讨论研究后，将其中的部分资源转变为产业资源，转化为经济效益。因而，认识到民族地区乡村振兴与非物质文化遗产保护的互促共荣关系、在推进乡村振兴的进程中保护好非物质文

化遗产，可以为乡村建设赋能增色。[①]

（二）短视频

短视频是一种在互联网新媒体平台上广泛传播的内容形式，其特点在于时长短、内容精炼，通常在5分钟以内。短视频以其独特的传播方式，适应了现代人快节奏、碎片化的生活方式，成为大众获取信息、娱乐休闲的重要渠道，其内容丰富多样，涵盖技能分享、幽默搞怪、时尚潮流、社会热点等多个领域，能够满足不同人群的观看需求。短视频具有生产流程简单、制作门槛低、参与性强等特点，这也使得越来越多的人参与到短视频的创作和分享中来。然而，随着短视频行业的快速发展，也逐渐暴露出一些问题，如内容质量参差不齐、部分信息低俗等，因此需要加强监管和规范，以促进短视频行业健康发展。

酉阳摆手舞是重庆市酉阳土家族苗族自治县传统舞蹈，2008年被国家批准列为国家级非物质文化遗产。酉阳土家族民俗歌舞团员在古镇、古民居前穿着土家族传统服饰，在《摆手歌》的音乐声中翩翩起舞。酉阳摆手舞有大小摆手之分，完整的酉阳摆手舞表演需要很多表演者。通过短视频，我们就能感受到现场火爆的氛围。

（三）直播电商

直播电商，即直播电子商务，是电子商务的一种新兴模式，它通过网络直播平台及相关技术手段，在视频直播的同时实时进行商品展示、销售和交易。这种模式将直播与电子商务有机结合，创造出一种全新的购物体验模式。主播通过直播平台展示商品，与观众进行实时互动，并通过各种方式引导观众购买，从而实现实时订单的生成和交易的完成。这是一种创新的购物方式，它不仅改变了传统电商的销售模式，也为消费者带来了更加便捷、直观和有趣的购物体验。

---

① 吴秋燕.纪录片《苗寨八年》：民族村寨乡村振兴与非遗保护经验的影像表达[J].电影评介,2023(1):98-102.

河北省邢台市沙河城镇围绕乡村振兴的总体要求，以产业振兴为抓手，立足区位和资源优势，精选优势产业，结合实际情况，扎实开展电子商务精准扶贫工作，助推脱贫攻坚，培育出以十里铺《梅花赋》《东川诗》为龙头的文创特色产品，以电子商务助力乡村振兴，积极推进乡村振兴工作持续向好发展。

（四）公众号平台

公众号平台是一种基于微信社交媒体的内容传播与服务平台。它允许个人、组织或企业创建自己的公众号，并通过发布文章、视频、音频等多种形式的内容，与关注者进行互动和沟通。公众号平台不仅提供了内容创作与发布的工具，还具备数据分析、用户管理等功能，可以帮助运营者更好地了解用户需求，优化内容策略。同时，公众号平台也是品牌宣传、产品推广的重要渠道，可通过精准推送和互动营销，实现品牌价值的提升和商业变现。在竞争日益激烈的互联网环境下，公众号平台已经成为各类主体获取信息、交流思想、建立影响力的重要阵地。

在全国大力推进乡村振兴之际，青海日报社上线"青清海乡选"微信公众号，助力乡村振兴。"青清海乡选"设有"乡选好物""乡上美景""乡亲有约""乡风民俗""乡里乡亲""乡长访谈"等栏目。"乡选好物"推介乡村可以销售的产品，"乡上美景"介绍乡村景点和村容村貌，"乡亲有约"预告县乡村组织的群众活动，"乡风民俗"报道独具特色的乡风民俗，"乡里乡亲"宣传乡村能人、好人、奇人，"乡长访谈"约见乡长讲成就、谈发展，"青清海乡选"公众号向大众完整展现了大美青海。

（五）网络动画

网络动画，全称"Original Net Anime"，直译为"原创网络动画"，简称ONA，是一种以互联网作为最初或主要发行渠道的动画作品。网络动画形式多样，包括2D动画、3D动画、短片动画、交互式动画等，其制作主要依赖计算机技术，艺术性较强，同时也存在商业性作品。相比传统动画，网络动画具有更大的传播范围和更高的互动性，能更好地满足用户的个性化需求。

《智保红香米》是以 Motion Graphics 动画的形式对陕西木版年画这一古老的传统民俗艺术进行创新创作的作品。此创作不仅仅是非物质文化遗产与动漫结合的实践，更是对岚皋县的一次宣传与推广，以动漫这种新形式让岚皋县受到越来越多的关注，进而提升了该地区旅游业的影响力与知名度。

（六）线上展馆

线上展馆，也被称为虚拟展馆或数字展馆，是利用互联网技术和三维虚拟技术，将传统展馆的实物展品通过图片、视频、三维模型和网上交流工具等方式进行集中展示的一种新型展览形式。线上展馆打破了时间与空间的限制，使观众可以随时随地浏览展品，同时为观众提供了更多的交互方式和展示手段，如在线商店、直播讲解等，让观众能够更加深入地了解展品。线上展馆不仅方便观众参观，还可以提高展品的展出率和展出效果，促进文化的传播和交流。此外，线上展馆还可以通过数据分析和智能优化匹配等方式提高对接效率和曝光率，为参展商和观众带来更佳的参展和观展体验。因此，线上展馆已经成为越来越多行业和领域的重要展览形式之一。

定海区非物质文化遗产馆是舟山市首家区级非遗馆，其展示了定海丰富的非物质文化遗产资源，包括定海布袋木偶戏、舟山船模、舟山贝雕、舟山锣鼓等非物质文化遗产项目。定海非遗民俗馆数字展厅于 2020 年 9 月上线，实现了该民俗馆服务从实体空间向虚拟空间的延伸，为观众带来了独特的观展体验和视觉享受。在展厅内，观众正在饶有兴致地参观展馆内的各种展品，并不时点击手机，查看公众号上 VR 全景呈现出的展厅和各种舟山非物质文化遗产项目等对应展品的文字、图片信息，不少观众表示大饱眼福。

定海区非遗民俗馆数字展厅是继古越昌国史迹馆、舟山名人馆、蓝理纪念馆之后又一个拥有 VR 全景技术呈现的展厅，展厅内部的各种展品新增了更加全面细致的介绍以及高清大图，还加入了专业的讲解和生动形象的视频，方便观众足不出户用手机看展览。

（七）云展播

云展播是一种基于云计算技术的在线展示和播放服务，通常用于展示和播放各种媒体内容，如视频、音频、图片等。这种技术可以为用户提供更加便捷、高效和灵活的展示方式，打破时间和地域的限制，让用户随时随地欣赏到各种精彩的内容。由于内容存储在云端，因此用户无须下载或安装任何软件，即可享受高品质的播放体验。同时，得益于云计算技术的支持，云展播还可以支持多种设备和平台的访问，如电脑、手机、平板等，让用户能够在不同设备上无缝切换观看体验。

云展播在多个领域都有广泛的应用，如在线教育、企业宣传、文化娱乐等。在教育领域，云展播可以用于在线课程、学术讲座等，可以让学生随时随地学习；在企业宣传领域，云展播可以用于展示企业形象、介绍产品等，提高品牌知名度和曝光率；在文化娱乐领域，云展播可用于在线演出、音乐会等，让观众在家中就能欣赏到精彩的表演。

国家京剧院与中国移动咪咕在文化和旅游部产业发展司的指导下，大胆尝试以云展播模式呈现经典名剧《龙凤呈祥》，带领大家"云看戏、过大年"。这是云展播模式首次被用于京剧演出，也是中国继体育赛事云展播、音乐盛典云展播等实践之后的又一次重要"拓荒"，最终为观众呈现了首个 4K 超高清版的《龙凤呈祥》。

《龙凤呈祥》云展播运用创新的技术手段，尽最大可能地在线上空间实现了对剧场环境的"复刻"与升级，为观众提供了叫好、鼓掌、打赏等情绪的表达方式。首先，上线多种京剧专场"云打赏"表情包、弹幕、互动道具，让用户能够更加投入地参与其中，即使不在剧院也能感受现场的氛围。其次，以当下备受国民喜爱的国风、国潮元素，设计了《龙凤呈祥》系列专属表情包、封面红包，为观众、戏迷在春节期间的社交活动增添了乐趣。最后，《龙凤呈祥》播出期间上线的"云包厢"功能，更打造了家庭团聚或票友齐聚一堂的线上社交场景，让名家名曲陪伴亲朋好友庆团圆、享美好。

数字技术的发展促使各种新媒体应运而生，而新媒体的出现和迭代改变了信息的呈现、传达和展示方式，为中华优秀传统文化的传播提供了多元化的平台和渠道。在数字技术加持下，新媒体将互联网与各种电子产品的移动终端连接起来，从而将储存在互联网云端的数字化信息直接传递给受众，打破时空局限，实现优秀传统文化数字信息的共享，提升传播速度，拓展传播空间。

当前，以短视频、网络直播等为代表的移动社交媒体迅速崛起，改变了优秀传统文化的传播方式，使其由单向输出转为双向互动，文化信息的接受者同时成为了文化信息的传播者。这意味着，民众不再只是优秀传统文化的纯粹接受群体，而是可以有选择地将接受的文化信息通过社交媒体自主转发、二次传播，从而使优秀传统文化传播的参与受众多元化，拓展了文化传播的渠道，扩大了文化传播的范围。毫无疑问，新媒体的发展为中华优秀传统文化的传播开辟了新路径。传统媒体与新媒体在优秀传统文化传播方面，各有优势，二者应相互结合、优势互补、融合传播，产生"1+1>2"的传播效果，从而满足人们对优秀传统文化的多样化需求，使我国优秀的历史文化传统能够源远流长、繁荣兴盛。

第五节 "数字"+"设施"
——乡村民俗文化公共设施与文化空间

一、乡村设施

乡村设施指的是农村地区为满足居民生产、生活需要而建设的各类公共服务和基础设施，包括交通邮电、农田水利、商业服务、园林绿化，以及教育、文化、卫生等生产和生活服务设施。这些设施的建设对于提升乡村居民的生活质量、促进农村经济发展和社会进步具有重要意义。乡村设施的建设水平直接反映了农村地区的整体发展情况，是乡村现代化建设的重要组成部分。通过不断完善乡村设施，可以推动乡村经济社会的全面发展和乡村振兴。

二、乡村民俗文化与乡村设施

乡村设施建设是乡村民俗文化数字化的基础。数字化文化设施是乡村民俗文化数字化发展的根基，是推进乡村民俗文化数字化建设的重要保障。《数字乡村发展战略纲要》将加快乡村信息基础设施建设作为数字乡村建设的重点任务，并提出到2025年，乡村4G深化普及、5G创新应用，城乡"数字鸿沟"明显缩小。在乡村设施建设中体现乡村民俗文化的价值，首先需重视历史建筑的保护修缮，保留乡村的历史记忆。其次，要传承和发展乡村民俗文化，通过文化展览、节庆活动等形式，让传统文化焕发新活力。

在乡村设施建设过程中，应巧妙融合传统与现代元素，既保持乡村风貌，又满足人们的现代生活需求。挖掘非遗文化资源是提升乡村文化软实力的重要途径。可通过建设非遗传承基地、推广非遗技艺，让更多人了解并感受乡村的非遗魅力。此外，整治和改善村落环境，提升乡村的整体形象，也是展示乡村民俗文化的重要环节。

另外，举办乡村民俗文化活动能够吸引游客，促进文化交流，同时也是培育乡村民俗文化人才的有效方式。这些人才不仅是文化的传承者，更是乡村经济发展的推动者。通过乡村设施建设与文化活动的有机结合，最终可实现乡村经济的可持续发展。

三、数字化乡村民俗文化公共设施与文化空间的意义

数字化乡村民俗文化公共设施与文化空间的意义在于推动乡村民俗文化的传承与创新，增强乡村社会的活力与凝聚力。

首先，数字化乡村民俗文化公共设施的建设，是一项具有深远意义的工作。这些设施，如数字化博物馆、文化展示中心等，能够将乡村的传统民俗文化以数字化的形式予以保存和展示，使得这些珍贵的文化遗产不会因为时间的流逝而消失。数字化的方式不仅可以让更多的人了解到乡村文化的独特魅力，而且可以让这些文化元素以更加生动、形象的方式呈现，这为乡村民俗文化的传承和发展提供了强有力的支持。同时，数字化设施的建设还能够为乡村吸引更多的游客，并引入外来文化元素。随着乡村民俗文化的数字化展示逐渐被人们熟知，越来越多的游客将被吸引到乡村中来，感受乡村民俗文化的独特魅力。而这些游客的到来，也会带来不同的文化元素和思想，促进乡村民俗文化的交流与融合。这种交流与融合，不仅可以为乡村民俗文化注入新的活力，使其更加丰富多元，还可以让乡村民俗文化在交流中得以更好地传承和发展。

其次，数字化文化空间的建设为乡村居民带来了更加丰富多彩的文化生活体验。在数字化技术的赋能下，乡村的传统文化活动、民间艺术表演等能够以更加生动、形象的方式呈现在乡村居民的眼前。这些数字化文化空间不仅具有高度的互动性，能让乡村居民亲身参与其中，感受文化的魅力，同时也具有极大的便利性，使乡村居民在家门口就能享受到高质量的文化生活。通过数字化文化空间的建设，乡村居民可以更加深入地了解和传承乡村的传统文化。他们可以通过数字化平台欣赏传统戏曲、民间舞蹈等艺术表演，也可以通过虚拟现实技术亲身体验乡村的历史文化和风土人情。这种全新的文化生活体验，不仅满足了乡村居民日益增长的精神文化需求，更激发了他们对乡村文化的热爱和自豪感。数字化文化空间的建设

还促进了乡村社会的和谐稳定。乡村居民在参与数字化文化活动的过程中，不仅增进了彼此之间的了解和交流，还形成了共同的文化认同感和价值观。这种文化认同感和价值观的形成，有助于增强乡村居民的归属感和幸福感，进一步促进乡村社会的和谐稳定。

最后，数字化乡村民俗文化公共设施与文化空间的建设，也是推动乡村经济发展的重要途径。数字化设施通过展示乡村民俗文化的独特魅力，吸引大量游客前来参观。随着游客的增多，乡村的餐饮、住宿、土特产销售等相关产业也会得到相应发展，为乡村带来可观的经济收益。同时，乡村旅游的兴起还能带动乡村基础设施的完善，如道路建设、环境整治等，进一步提升乡村的整体形象和吸引力。更重要的是，数字化设施的建设为乡村提供了更多的就业机会和创业机会。一方面，数字化设施的运维、管理、活动策划等都需要专业人才的支持，这为乡村青年提供了留在家乡发展的机会，减少了人才流失现象；另一方面，数字化平台也为乡村居民提供了线上销售土特产、手工艺品等的机会，使他们能够利用网络平台拓展销售渠道，增加收入来源。

此外，数字化乡村民俗文化公共设施与文化空间的建设还促进了乡村经济的多元化发展。在数字化技术的推动下，乡村不仅可以依托传统农业资源发展农业观光、体验农业等新型农业业态，还可以发展文化创意、艺术培训等产业，从而进一步丰富乡村经济的内涵。

数字化乡村民俗文化公共设施与文化空间的建设对于推动乡村文化的传承与创新、提升乡村社会的活力与凝聚力、促进乡村经济的发展具有重要意义。

四、数字化乡村民俗文化公共设施与文化空间的应用

（一）民俗非遗体验馆

民俗非遗体验馆是一种新型的文化场所，它致力于传承和弘扬我国的非物质文化遗产。它通过运用现代科技手段，如多媒体展示、互动体验等，

为公众提供一个直观、生动且富有参与感的非遗文化学习平台。在这里，人们可以深入了解非遗项目的历史背景、技艺特点和文化价值，并有机会亲身参与体验，感受传统文化的魅力。

突泉县民俗非遗体验馆于 2023 年 9 月 26 日试运营，布展面积 1800 平方米，分为 3 个展区，分别以寻根·民俗溯源、突泉县的百年风情·市井生活、研学空间为主题，主要介绍并展出突泉县的民俗文化和非遗文化。研学空间设有手造社、儿童剧本杀、国学民艺生活馆和创意工坊。突泉县民俗非遗体验馆不仅有实物陈列、图文说明等传统展示方式，还采用了数字化的技术手段，为参观者带来了全新的互动体验。

突泉县民俗非遗体验馆在传统的展览基础上，引入了沉浸式数字化体验技术。馆内多处可见全息影像、沉浸式体验互动空间、VR 影像等，参观者可通过视觉、听觉、味觉、嗅觉和触觉全方位感受突泉县的民俗风情和非遗文化，真正实现"听得到历史，摸得到回忆，留得住情怀"的体验。突泉县民俗非遗体验馆的开馆试运营，标志着突泉县在保护和传承本土文化方面迈出了新的一步。数字文化与沉浸式体验的创新融合，也将有助于让更多的人了解和认识突泉县的民俗文化和非物质文化遗产。

（二）数字博物馆

数字博物馆是运用数字技术，将实体博物馆的职能以数字化方式完整地呈现在网络上的系统。它通过互联网与机构内部信息网构建信息架构，把枯燥的数据变成鲜活的模型，从而提高观众的观赏兴趣，达到科学普及的目的。数字博物馆一般包括实体博物馆展厅现场数字化展示系统、基于数字技术的博物馆业务管理系统和网络平台展示系统三个部分。数字博物馆还采用数字化摄影、三维重建、虚拟现实等技术对数字资源进行采集和整理，并利用高速网络、云计算、大数据、人工智能等技术，实现数字资源的高效存储、快速传输和智能应用。数字博物馆的应用范围广泛，涵盖数字展览、移动应用、教育教学和社交媒体等领域。它是传统博物馆适应信息时代发展要求的产物，也是现代博物馆发展的必然趋势。

"国家级非遗炕围画数字博物馆·襄垣"于2021年启动，是数字赋能非遗保护的一个代表性案例。炕围画是在环炕几尺高的墙壁上绘制的"围子"，目的是防止墙面剥皮脱落弄脏被褥或衣服。作为一种民间美化居室的装饰艺术，它兼具实用和审美功能。内蒙古、河北、山西等地都有炕围画，其中山西襄垣炕围画最具特色，并于2008年6月入选第二批国家级非物质文化遗产名录。襄垣县非物质文化遗产保护协会从2020年开始策划炕围画数字博物馆，旨在创造虚拟的炕围画博物馆，数字化再现"炕围画的活态空间"。馆方通过现场采风和资料收集，选取襄垣地区具有代表性的特色自然环境、民居建筑、民俗场景等，建设炕围画数字博物馆，再现太行山文化、襄垣特色的民居建筑群和民俗场景。其主要呈现如下亮点：①实现从封闭空间到多维开放展示的转变；②实现从单一物态呈现到数字化展示的转变；③实现从单一视觉呈现到交互式展示的转变；④通过新媒体、传统媒体进行广泛宣传，包括自媒体扩散和直播引流，打造全媒体展示格局。

（三）农家书屋

农家书屋是为广大农村村民提供的文化服务平台，主要服务于农村地区的居民，其功能定位为传播知识、推广文化、提升农民素质。农家书屋的特点在于结合农村实际，选择贴近农民生活、实用的图书，配备相应的阅读设施，并采取灵活多样的管理方式。农家书屋可以丰富农民精神文化生活，提高农民文化素养，促进农村文明进步。未来应更加注重信息化技术的应用，推动农家书屋与现代科技融合，以实现更高质量的服务。

在国家和各地新闻出版广电部门的领导下，卫星数字农家书屋陆续在全国各地安装使用。目前，卫星数字农家书屋建成并投入使用已达3万余家，遍布内蒙古、青海、宁夏、新疆、西藏、云南等20个省（区、市），服务近千万农村人口，有效推动了党和政府倡导的"全民阅读工程""数字农家书屋"等项目的落地。

（四）村史馆

村史馆是一个集历史、文化和教育功能于一体的场馆，它通过展示村庄的过往和发展，弘扬乡村文化，传承乡村记忆。它不仅记录了村庄的地理变迁、经济发展和社会进步，更传承了村民的智慧、勇气和勤劳精神。村史馆不仅为村民提供了一个了解家乡历史文化的平台，也成为外界了解乡村、认识乡村文化的重要窗口。通过村史馆的展览陈列，观众能够深入了解乡村的历史脉络和文化底蕴，感受乡村的独特魅力和生命力。同时，村史馆也是乡村发展的重要文化标志，对于促进乡村文化振兴、增强村民文化自信具有重要意义。

（五）商业服务中心

商业服务中心是一个集多种商业服务于一体的综合性机构，致力于为企业提供全面、高效的专业服务。其核心功能涵盖了企业注册、法律咨询、财务会计、人力资源、商业咨询、知识产权管理以及金融等多个领域，旨在满足企业在不同发展阶段和各个方面的需求。

商业服务中心还承担着推动商业创新和发展的使命，通过不断引入新的服务理念和先进的技术手段，为企业的可持续发展提供有力支持，而数字化民俗文化的融入将为商业服务中心打开新的商业模式。

星巴克与贵州省黔东南丹寨县的蜡染合作社合作开设的中国首家非遗文化体验店，饱含了对中国非物质文化遗产的敬意。星巴克的设计师们与蜡染手工艺传承人携手，推出了首个以蜡染艺术为主题的咖啡吧台。吧台的整面背景墙以鲜艳的靛蓝色染布包裹，染布上是以细腻精妙的笔触手工绘制出的"老北京胡同"场景，而背景墙的另一侧设计则融合了蜡染艺术、咖啡文化和老北京传统元素。这一举措是将传统手工艺转化为具有经济效益产品的典型案例，使乡村非遗以商业化模式走进大众视野。

第六节　"数字"+"教育"
——乡村民俗文化教育

一、乡村教育

乡村教育是指在农村地区开展的教育活动，其意义在于提升乡村地区居民的教育水平，促进城乡教育均衡发展。在乡村教育的资源配置方面，尽管相较于城市仍存在一定差距，但随着国家政策倾斜和社会各界对乡村教育的关注，乡村教育硬件设施正在逐步改善，乡村师资力量也在逐渐增强。在教育内容与特色上，乡村教育注重结合本土文化，弘扬乡土情感，并紧跟时代步伐，引入现代科技教学手段，为学生提供多样化的学习体验。此外，乡村教育还强调实践教育与体验学习，让学生在亲近自然、了解乡土的同时，培养实际动手能力。

二、乡村民俗文化与乡村教育

乡村民俗文化与乡村教育之间存在着密切而深刻的关系。乡村民俗文化作为乡村地区长期历史积淀的产物，蕴含着丰富的历史传承和地方特色，是乡村教育的重要资源和载体。乡村教育在传承和弘扬乡村民俗文化方面扮演着举足轻重的角色。乡村教育通过课堂教学、实践活动等多种形式，将乡村民俗文化传递给学生，培养他们对乡土文化的认同感和自豪感。同时，乡村民俗文化也为乡村教育提供了丰富的教学素材和情境，使乡村教育更加贴近学生的生活实际，增强了教育的吸引力和实效性。因此，加强乡村民俗文化与乡村教育的融合，对于促进乡村教育的内涵式发展、培养具有乡土情怀和文化自信的新农人具有重要意义。

三、数字化乡村民俗文化教育的意义

数字化乡村民俗文化教育的意义深远且重大。首先，通过数字化手段，我们能够有效地传承和保护乡村民俗文化这一非物质文化遗产，确保文化

根脉的延续。数字化技术可以将乡村民俗文化以更为生动、真实的形式保存下来，使其突破时间和空间的限制，让后代子孙领略先辈们的智慧与创造力。

其次，数字化乡村民俗文化教育在扩大文化传播范围和提升文化影响力方面展现出了巨大的潜力。在互联网迅猛发展的时代背景下，信息的传播速度和广度达到了前所未有的水平。通过数字化平台，乡村民俗文化得以跨越地域的界限，迅速传播至世界各地。这不仅打破了传统传播方式的局限，还使得乡村民俗文化的独特魅力得以广泛展现。数字化乡村民俗文化教育使更多的人有机会接触和了解乡村民俗文化，能够增强人们对乡村民俗文化的兴趣和认同。

再次，数字化乡村民俗文化教育对于促进乡村振兴具有积极作用。通过深入挖掘和传播乡村民俗文化，不仅能够提高乡村地区的知名度和美誉度，更能在全球范围内吸引众多游客和投资者的目光。当外界对乡村民俗文化产生浓厚的兴趣时，更多的游客会被吸引至乡村，感受乡村独特的民俗风情和自然风光。这不仅为乡村带来了人气和活力，还促进了乡村旅游业的发展，为乡村经济注入了新的活力。同时，随着乡村民俗文化的广泛传播，乡村地区的投资价值也逐渐被投资者所认识，使他们看到乡村蕴含的深厚文化底蕴和巨大发展潜力，从而吸引他们前来投资兴业。这不仅为乡村带来了资金和资源，更为乡村经济的发展注入了强劲的动力。随着投资的增加，乡村的基础设施能够得到改善，就业机会也会大幅增加，进而为乡村的繁荣和发展奠定了坚实的基础。

最后，数字化手段为乡村民俗文化教育创新了教育形式，显著提升了教育的趣味性和实效性。借助虚拟现实、增强现实等技术，我们可以为学生们构建一个沉浸式的学习环境，让他们身临其境地感受乡村民俗文化的深厚底蕴与独特魅力。这种新颖的教育方式不仅提高了学生们的参与热情，也让他们的学习体验更加深入和难忘。学生们可以在虚拟世界中与乡村民俗文化亲密接触，感受那些古老而美好的传统民俗文化，从而让教育变得更加生动、有趣。此外，数字化手段还能够帮助我们更好地记录和传承乡村民俗文化，让更多人了解和欣赏到这份宝贵的文化遗产。

数字化乡村民俗文化教育在传承文化根脉、扩大传播范围、促进乡村振兴以及创新教育形式等方面都具有重要意义，是推动乡村文化繁荣和乡村振兴的重要途径。

四、数字化乡村民俗文化教育的应用

（一）数字化课本

数字化课本，指的是利用数字化技术制作的电子教材，以数字形式呈现学习内容，方便用户通过电子设备阅读与学习。数字化课本的技术基础主要包括多媒体技术、信息编码技术和网络通信技术等，具有信息量大、互动性强、更新快等特点。在内容呈现方式上，数字化课本可以通过文字、图片、音频、视频等多种方式呈现，使学习内容更加丰富和生动。在互动与学习体验方面，数字化课本支持在线标注、做笔记、问答等功能，能提升学习的参与度和效果。在资源共享与更新上，数字化课本能够实现实时更新，确保知识的时效性和准确性，同时方便用户之间共享学习资源。

《四川非遗传统美术与技艺》着重介绍人们至今仍然喜爱的四川省非物质文化遗产中具有代表性、便于推广的传统美术、传统技艺项目，将这些中华优秀传统文化如画卷般地展示在读者的眼前，让读者体会原汁原味的中国式生活。该书将学术性、可读性、通俗性三者融合，尤其注重对操作性的培训，力避知识介绍的枯燥呆板，易于被青少年读者接受[①]。

（二）元宇宙图书

元宇宙图书是基于数字孪生、三维重建等前沿技术打造的新型出版产品。它利用可穿戴式设备，使读者进入虚拟空间，置身于图书中的具体场景，与书中的人物角色进行沉浸式互动。这种互动方式不仅摆脱了传统阅

---

① 四川省精神文明建设办公室,四川文化艺术学院.四川非遗传统美术与技艺[M].成都:天地出版社,2019.

读的视听局限，而且激发了读者的全部感官体验，实现了人与图书内容的智能连接。

非遗云村寨元宇宙图书，是"非遗云村寨——贵州非物质文化遗产大数据建设及产品孵化应用"项目内容，所属平台为贵州出版集团数字出版公司推出的非遗综合服务平台。该平台打造了 VR 全景村落、非遗视听、非遗研学活动、非遗图书数据库等多形态非遗文化模块，从看、听、说、玩多方面对贵州不同村寨所拥有的非遗文化进行解读、呈现和体验①。

发布会现场，通过邀请现场观众佩戴交互设备来沉浸式体验元宇宙图书，同时，大屏同步播放该观众所体验到的图书内容。第一个板块为"云游逛村寨"，该板块是盖赖村的全景 VR 体验，通过让观众沉浸于当地的自然风光、人文建筑，使其在虚拟的空间中体验到真实的村寨。第二个板块为互动板块"民族刺绣"，在该板块观众可通过操作手柄，根据提示来设计专属于自己的刺绣作品。第三个板块为"苗族银饰"，同样是一个互动板块，观众可通过手柄进行仿真敲打，打造银饰作品。最后一个板块为"民俗风情"，观众可以身处吹芦笙的老师傅和跳《踩月亮》舞蹈的小苗娃们中间。

（三）研学课程

研学课程是一种注重实践与探究的综合性学习方式，它突破了传统的课堂教学的局限，将学习的重心放在学生的亲身体验与深入探索上。在研学课程中，学生不再是被动的知识接受者，而成为主动的求知者和实践者。他们通过参与各种实践活动，如实地考察、社会调查、实验操作等，深入了解学科知识的实际应用，培养自己的问题解决能力和团队合作精神。研学课程也注重跨学科的学习，鼓励学生将不同领域的知识进行整合与创新，以培养他们的综合素养和创新能力。这种学习方式不仅能够激发学生的学习兴趣和积极性，还能够帮助他们更好地适应未来社会的发展需求，为他们成长为具有创新精神和实践能力的优秀人才打下坚实基础。

---

① 资料来源：贵州数字出版云村寨官网，https://www.yuncunzhai.com/。

随着时代的发展，人们越来越追求研学旅游活动的创新，希望增强研学旅游活动的互动性、实践性和教育性，促进研学旅游和乡村振兴的有机融合。虚拟技术、交互参与、沉浸式体验等都极大地丰富了游客的旅游体验，为游客提供了视觉、听觉等多种感官享受，这也为各地乡村研学旅游带来了新的思路。各地乡村可以探索与元宇宙结合的更多可能，从而推动乡村旅游产品的创新和升级，为旅游业的转型和复苏持续提供动力。

此外，各乡村还可以在元宇宙的基础上打造专属的"IP元宇宙"，选择恰当的乡村主题，确保体验项目的可复制性，设计一种集农业、文化、科技、旅游、研学于一体的科普型研学游产品，进而推动乡村文旅产品的升级，实现品牌建设与产业链延伸[①]。

（四）线上资源库

线上资源库是指依托互联网技术，对各类资源进行整合、分类、存储及共享的平台。它不仅涵盖了文本、图片、音视频等多种资源，还通过科学的分类体系，方便用户快速找到所需资源。其资料来源广泛，既包括个人上传的共享资料，也包括合作机构提供的专业资料。线上资源库通常采用高效的存储技术，以确保资源的稳定性和可扩展性。

用户可通过搜索引擎或分类目录检索资源，并通过下载、在线预览等方式获取所需内容。资源使用需遵循一定的权限设置，如会员制、付费购买等。同时，线上资源库还会定期更新资源，以确保内容的时效性和准确性。用户还可以对资源进行评价和反馈，为资源的优化和完善提供参考。

高迁古村落数字资源库是利用数字技术构建的，专门用于保存高迁古村落记忆资源的专题数据库。高迁古村落数字资源库主要由基础资源及其衍生资源构成。其中，基础资源包括：（1）现有的关于高迁古村落的记忆资源，如历史遗留下来的村落记忆媒介——图像、图表、家谱、名人传记资料、历史人物文集，以及其他相关文献资料；（2）通过高迁村落"建

① 李颖悟.数字乡村建设数字农村策划实施方案与案例全解[M].北京:中国纺织出版社,2022:140.

档"形成的照片、文字、视频等资料；（3）从高迁古村落文化解析入手，利用现代信息技术和记录手段，通过调研报告、口述采访、拍摄视频等多种工作方式形成的记录资料。以上基础资源如为实体资源，则按照数字化标准和规范将其转化为数字资源存入专题数据库中。所谓"衍生资源"，是指围绕基础资源，深入解读高迁古村落的历史文化特色后精心创作的具有乡土风情的文化散文作品，或是运用数字技术和创意设计，如3D技术和动画设计等，以更生动形象、更便于理解记忆的方式讲述村落故事，复原和再现村民生活生产场景的资源。因此，"衍生资源"是我们的文化创意产品，具有更强的可视化效果和感染力。

"记忆高迁"网站设置了"高迁吴氏""地域风水""诗礼传家""乡土生活"等一级栏目，并在这些栏目下细分出"仙居吴氏源流""吴氏先贤传记""自然地理""风水营建""村落空间""吴氏家训""家族教育""科举捷报""风俗习惯""民间信仰"和"民间文学"等多个二级栏目。网站通过美术设计和技术手段，整合了文字符号、静态图片、音频、活动影像和虚拟场景等多维的记忆媒介，数字化地再现了高迁的历史和文化特点。通过网站，人们就可以了解高迁村落的概况、历史变迁和民俗文化。在"村是一家人"的美好愿望和设计理念指导下，网站运用3D技术和视频技术等现代化技术手段，制作出高迁的院落建筑及传统的生产生活用品的立体虚拟全景，人们在网上就可以游览高迁村，这对于高迁古村落保护与传承具有重要意义①。

---

① 冯骥才.传统村落的科学保护:《西塘宣言》发表十五周年国际研讨会论文集[M].杭州:西泠印社出版社,2021:163.

第七节 "数字"+"节会"
——乡村民俗文化节会活动

一、乡村节会活动

乡村节会活动是一种集文化、传统、地方特色于一体的社区庆典活动。它旨在展示乡村的文化传统，通过丰富多彩的节目和仪式，让参与者深刻感受到乡村民俗文化的独特魅力。庆祝丰收成果是这类活动的重要组成部分，体现了乡村社会对自然的感恩和敬畏。这些活动不仅展示了地方特色，还呈现了乡村的风土人情和生活方式。乡村节会活动鼓励乡镇居民积极参与，通过互动和合作，增强乡镇内部的凝聚力和乡镇间的联系。此外，乡村节会活动还促进了乡村旅游业的发展，吸引了大量游客前来体验和感受乡村民俗文化，为当地经济发展带来了积极影响。

二、乡村民俗文化与节会活动

乡村民俗文化与节会活动是乡村生活中不可或缺的组成部分，它们承载着丰富的历史记忆与文化内涵。乡村民俗文化是乡村地区在长期历史发展过程中形成的，包括具有地域性、民族性、传承性的风俗习惯、信仰观念、艺术形式和生活方式等。而节会活动则是乡村民俗文化的重要表现形式，涵盖庆典、庙会、祭祀、农耕节庆等类型，既是对乡村生活的庆祝与展现，也是对传统文化的传承与弘扬。节会活动蕴含着深厚的文化内涵，通过仪式、歌舞、戏曲等形式，传递着乡村社会的价值观念、道德规范和审美情趣。

乡村节会活动在乡村社会中发挥着多重作用，不仅丰富了乡村民众的精神文化生活，促进了社区内部的团结与和谐，还对乡村旅游和经济发展等方面产生了积极的影响。随着时代的发展，乡村节会活动也面临着现代文化的冲击和传统元素的流失等挑战。因此，为乡村节会活动制定有效的未来发展策略显得尤为重要，如加强传统文化的挖掘与保护、创新节会活动形式与内容、推动乡村文化与旅游的深度融合等，从而确保乡村民俗文化与节会能够在现代社会中焕发新的生机与活力。

三、数字化乡村民俗文化节会的意义

数字化乡村民俗文化节会的举办，不仅为人们呈现了一场盛大的文化盛宴，也是对乡村发展具有深远意义的重要举措。通过数字化技术的应用，这一活动不仅推动了文化的传承与创新，还在促进乡村经济发展、提升乡村社会凝聚力、推动乡村治理现代化，以及拓宽乡村发展视野等方面展现出了独特的价值。

首先，数字化乡村民俗文化节会对于文化传承与创新起到了积极的推动作用。利用数字化技术，乡村的民俗文化得到了更广泛的传播和更深入的挖掘。传统的舞蹈、音乐、手工艺等民间艺术在数字平台上得到了生动的展示，能够使得更多的人了解和欣赏乡村民俗文化的魅力。数字化技术也为传统文化的创新提供了可能，通过与现代元素的融合，乡村民俗文化得以焕发出新的活力。

其次，数字化乡村民俗文化节会在推动乡村经济发展方面发挥了重要作用。通过精心策划和举办，这些节会成功吸引了来自四面八方的游客和投资者，为乡村带来了大量的人流、物流和资金流资源。这不仅推动了乡村旅游业的快速发展，也有效促进了乡村特色产品和农业产业的推广与销售。不仅如此，节会还成为商家展示与交流的平台，为乡村创造了大量的就业机会和商业合作机遇。可以说，数字化乡村民俗文化节会为乡村经济注入了新的活力，为其持续发展提供了有力支持。

再次，数字化乡村民俗文化节会有助于提升乡村社会凝聚力。在节会期间，人们共同参与文化活动的筹备和表演，增进了彼此之间的交流和了解。这种共同参与和分享的过程，不仅加深了村民对乡村民俗文化的认同感和归属感，也促进了乡村社会的和谐与稳定。节会为村民们提供了一个展示自己的舞台，增强了他们的自信心和归属感，提升了乡村的整体形象

和社会凝聚力①。

最后，数字化乡村民俗文化节会还拓宽了乡村发展的视野。通过节会的举办，乡村得以与外界进行更广泛的交流和合作，引入了更多的先进理念和技术手段。这不仅为乡村的发展提供了新的思路和方向，也为乡村与城市的融合发展提供了更多的可能性和机遇。

综上所述，数字化乡村民俗文化节会在文化传承与创新、促进乡村经济发展、提升乡村社会凝聚力、推动乡村治理现代化以及拓宽乡村发展视野等方面都展现出了独特的价值和意义。它不仅是乡村民俗文化的一次盛大展示，更是乡村发展面临的一次重要机遇和挑战。

四、数字化乡村民俗文化节会的应用

（一）线上节庆晚会

线上节庆晚会是指利用互联网平台，以线上直播或录播的形式举办的节庆活动。其特色在于突破传统线下晚会的空间限制，借助数字技术实现全球范围内的实时互动与共享，让观众足不出户即可欣赏到精彩的节目。晚会的节目内容丰富多样，包括歌舞表演、小品、相声、杂技、魔术等，可以满足不同观众的审美需求。在互动参与体验方面，线上节庆晚会通过设置弹幕互动、在线投票、观众提问等功能，让观众能够实时参与，增强了观众的参与感和体验感。同时，技术创新应用也是线上节庆晚会的一大亮点，它利用虚拟现实、增强现实等技术，为观众带来更加震撼的视听效果。

以"河南博物院元宵奇妙夜"为例，通过"5G+AR"技术，将虚拟场景和现实舞台结合，并且叠加诸多历史文物的影像，再现了"大唐盛世"。纵观近年来的晚会，通过结合斯坦尼斯拉夫斯基的"沉浸式角色体验"和布莱希特的"间离效果"，创造出具有后现代性的沉浸式表演，利用"多媒体+戏剧语言"帮助用户完成从传统文化的关注者到追随者最后到创新者

① 徐国源.生活数字化与网络民俗[M].苏州：苏州大学出版社，2022：315-323.

的转变，使个体的情感表达与民族国家情感相互连接。随着技术手段不断更新，电视晚会类节目还可借助 LED 开合车台、360 度全息幻影成像系统等先进设备和手段满足多元需求，通过调动人体各感官的状态，实现信息环境的互动，以延展空间、时间等维度，全面提升观众收看直播的视听体验[①]。

（二）线下节庆晚会

节庆晚会是围绕特定节日举办的盛大庆祝活动，它综合体现了深厚的文化内涵，通过精彩纷呈的文艺表演和创意互动环节，营造出热烈欢庆的氛围。晚会不仅展现节日特色，更成为社交交流的平台，有助于增进人们之间的情感。

海南"三月三"节庆是海南省各族群众共庆共享的重要活动，2021 年海南黎族和苗族传统节日"三月三"主会场开幕式暨主题文艺活动，已从黎族和苗族同胞祭拜祖先、庆祝丰收的传统节日，发展为海南向世界宣传文化、扩大合作交流的重要平台，成为展示海南各族群众交往交流交融、共同团结进步的重要窗口。2021 年的节庆活动以"爱与感恩"为主题，主会场设在昌江黎族自治县和五指山市水满乡。活动整体时间跨度长，从 4 月 1 日至 5 月 11 日，其中 4 月 13 日至 16 日为主会场集中活动日。节庆活动采取线上、线下相结合的模式推动开展。线上活动安排了"云游""云播""云聚""云唱""云赛""云秀""云展"等系列活动，以及特刊、专题、专栏、微博话题、形象广告等内容，力争给大家带来"互联网+'三月三'活动"的全新体验。线下活动则包括黎祖祭祀活动、开幕式暨主题文艺晚会、民族篝火联欢夜、王下乡·黎花里旅游体验、民族地区经济社会发展成就展、黎锦苗绣技艺展示及比赛、海南"三月三"黎族苗族原生态民歌对唱等系列活动[②]。

---

① 洪方雯.媒体融合视域下电视文艺晚会创新路径探索：以 2021 河南卫视《河南博物院元宵奇妙夜》为例[J].新媒体研究,2021(7):105-107.

② 黄慧."花开三月三"爱与感恩：海南各地举办民俗活动欢庆黎族苗族传统节日"三月三"[J].今日海南,2021(4):66-67.

（三）地方特色会展

地方特色会展是展示地区独特文化、经济和旅游资源的重要窗口。这些会展通常融合了当地的传统工艺、风土人情和现代产业元素，为参观者呈现出一幅幅生动的地域画卷。在地方特色会展上，人们可以领略到独特的手工艺品，如精致的刺绣、古朴的陶瓷等，这些都是地区文化的瑰宝，传承着手工艺人千年的智慧与匠心。同时，会展还会展示当地的特色美食，让参观者通过味蕾感受地方的独特风味。地方特色会展还是促进经济交流与合作的重要平台。会展吸引了来自各地的企业和投资者，为地区经济的发展注入了新的活力，促进了地区间的产业合作深化，实现了资源的优化配置，为地方经济的持续发展提供了有力支撑。

第四章　乡村民俗文化的相关研究

第一节　乡村民俗文化数字化传播的传者研究

本节旨在探讨乡村民俗文化数字化传播中的"传者"概念，包括传者的定义、构成及其与乡村民俗文化数字化传播的关系。我们将分析传者如何进行传播，以及他们在这一过程中扮演的角色和具有的特征，从而明确传者的传播途径和价值。

在当前乡村民俗文化数字化保护的热潮中，研究传者的传播行为，对乡村民俗文化数字化保护与研究具有重要的理论与实践意义。"传者"是什么，都有哪些人，这是一个核心的问题。对"传者"的研究不仅是一个理论问题，也是一个和乡村民俗文化创新发展紧密相关的实践问题。正确理解传者的内涵，包括他们的身份、传播动机、传播方式，对于乡村民俗文化的数字化建设和传播研究具有重要的理论和实践意义。同时，深入了解不同身份的乡村民俗文化传者，理解他们的特征、作用以及传播方式和特点，是做好乡村民俗文化数字化保护和传播工作的关键所在。

一、传承人的传播研究

传承人是谁？这是我们第一个要明确的问题。关于传承人的定义，不同的学者有着不同的看法，至今没有统一的定义。一部分专家学者认为传承人可以是本土的老一辈村民、村中传统手工艺人、乡村民俗文化爱好者等，他们对乡村民俗文化有着深厚的了解和传承意识，致力于将这些传统文化传承下去；也有专家学者认为，传承人是指精通某项工艺或技术的"大师傅"，这类人往往是通过家族技艺传承或者早年拜师学艺并不断积累了深厚的技能经验，他们不仅能够开展某一项文化活动、传授学徒技术，还有着独特的技法和秘诀。总体来说，传承人一般是指可以直接或间接参与某项文化活动传承，推动文化活动创新发展，使得某一项文化可以沿袭的个人或群体，是某项文化活动传承创新发展的重要载体[①]。

（一）传承人的特征

首先，传承人需要具备扎实的专业知识和深厚的技能经验，能够深刻领悟某项传统技艺或文化活动制作的核心要点，他们应具备实践操作和讲授的能力，对所在领域有着深入的了解和掌握，能够准确把握传承的内涵和精神。传承人不仅要将传统技艺或文化传承下去，还要在此基础上进行创新和发展[②]。其次，传承人还需有一定的责任担当和使命感。传承是一项伟大的事业，是对中华优秀传统文化和智慧的传承和发展，传承人应当时刻铭记自己的使命感，努力推陈出新，继承并创新发展传统技艺，确保传承有序、持久发展。

（二）传承人的作用

中华文化源远流长，我国是文化遗产丰富的大国。乡村振兴战略的深入实施，为乡村民俗文化的数字化建设和传播提供了新机遇。经过岁月淬炼的乡村民俗文化正被人们重新认识，成为激活和振兴乡村的一股重要文化力量。乡村民俗文化的数字化建设和传播有助于乡村发展，而传承人在这一过程中发挥的作用和其对乡村民俗文化传播的意义是什么呢？

第一，传承人具有继承者、生产者、传播者的身份。从继承者的身份来看，民俗文化是一个民族或地区在长期的历史发展过程中形成的独特文

---

① 祝海霞,何卫东,李俊健.非物质文化遗产视野下广西民族传统体育传承人的传承发展探析[J].运动,2013(70):142-143,78.

② 李荣启.非物质文化遗产的传承及传承人保护现状[J].美与时代(上),2016(4):21-26.

化传统，包含了该民族或地区的历史、文化、风俗、习惯等许多重要的方面。传承人通过传播民俗文化，使自己掌握的技艺和某项民俗文化得到保护和传承发展，确保这些传统文化得到延续和创新性发展，使其不会因为时代的变迁而逐渐消失，防止文化和某项技艺的消失或断裂。

第二，乡村民俗文化是中华文化的重要组成部分，具有很强的凝聚力和认同感。乡村民俗文化是乡村村民在生产生活中共同形成的记忆和认同的标志，它可以增强人们的凝聚力和归属感。传承人在传播乡村民俗文化的过程中，往往能够站在较高的角度思考，可以清晰地认识到传播乡村民俗文化的重要性。乡村民俗文化是农村独特的文化符号，也是人们情感认同和文化根脉的体现，传承人希望通过传播乡村民俗文化，增强人们对乡村民俗文化的认知和尊重，让更多的人认识和理解乡村民俗文化，同时推动乡村振兴和文化旅游的发展。

第三，在传播中发展，在发展中传播。乡村民俗文化不仅是传统的代表，也是文化和艺术的载体。传承人在与其他艺术交流的过程中，既可以将自己掌握的民俗文化传播出去，也可以吸收和借鉴其他优秀的文化和艺术。这种交流的"碰撞"，不仅可以提升自身的工艺技能，促进文化的发展和繁荣，还可以推动乡村民俗文化和艺术的交流与创新、传播与发展[1]。

第四，有助于培养新的传承人。传承人通过向不同群体传播乡村民俗文化的知识和技艺，让更多人了解和认识乡村民俗文化，进而培养下一代传承人。在传播过程中，他们激发受众的兴趣和求知欲，挑选合适的人选进行技艺传承和培养，使他们成为新的传承人，继续保护和发展这些优秀的乡村民俗文化。

第五，保护和活化乡村民俗文化是传承人的重要任务。随着新媒体、新艺术形式的冲击，许多传统的乡村民俗文化正面临着消失或被边缘化的危险。传承人通过传播乡村民俗文化，可以保护这些珍贵的乡村民俗文化，使其得到传承与应用，为传统民俗艺术的继承与保护，以及乡村振兴发展

---

① 毛丽珍.以景宁畲族自治县畲族博物馆为例研究保护发扬畲族传统文化[J].文物鉴定与鉴赏,2020(20):158-159.

提供新的活力和动力。

总的来说，传承人对乡村民俗文化的传播对于其持续发展、增强乡村民俗文化的凝聚力和认同感、促进乡村民俗文化和艺术的交流与传播、培养新的传承人，以及保护和活化文化遗产都具有重要意义。作为传统民俗文化的继承者、生产者、守护者和传播者，传承人在民俗文化的传播过程中扮演着关键角色。

（三）传承人的传播方式

传承人可以通过以下方式对乡村民俗文化进行数字化传播。

第一，制作数字化内容。传承人可以借助抖音、快手、微博等新媒体平台，利用数字化技术制作各种形式的数字化内容，包括图片、视频、音频等多媒体内容，展示乡村民俗文化的特色和传统知识。这些内容可以通过手机端和电脑端等渠道进行传播，吸引更多的人了解和关注乡村民俗文化。同时，传承人可以与专业的数字化团队合作，将乡村民俗文化资料进行整理、分类和数字化存储，建立起乡村民俗文化数字化数据库。这些数据库可以包含文字、图片、音频、视频等多种形式，方便人们对乡村民俗文化进行检索、查询和使用。

第二，开展数字化教育，与学校、社区等合作，推动乡村民俗文化的传承和创新融合。传承人可以与地方中小学、高校等合作，将乡村民俗文化融入数字化教育资源和地方校本教材的建设中，如开发关于乡村民俗文化的非遗课堂、开展地方民俗文化进校园活动、设置乡村民俗文化体验课、制作在线课程等。通过这种方式，可以让更多的学生了解和体验乡村民俗文化，培养学生对传统文化的兴趣和热爱。

第三，建立网上课堂，搭建数字化传播平台。乡村民俗文化传承人可以在社交媒体平台打造个人IP，开设乡村民俗文化在线工作坊和直播课堂，进行乡村民俗文化活动知识讲解、在线制作等民俗活动，从而建立属于自己的数字化传播平台，在该平台上开设乡村民俗文化课程，教授传统技艺和知识。借助数字化传播平台，传承人可以分享传统技艺和自己的经验，向受众者传授相关的技能和知识，发布关于自身领域内乡村民俗文化的最新动态、活动信息等内容，与广大网友进行互动交流，提升乡村民俗文化的知名度和影响力，从而促进乡村民俗文化的传承和发展。

第四，打造数字化旅游体验名片。传承人可以利用当地的乡村民俗文化资源，与旅游机构合作，将乡村民俗文化纳入旅游线路和体验项目中。通过线上预订和推广，吸引游客参观并体验乡村民俗文化，为当地居民提供经济支持。例如，利用虚拟现实技术，可以让游客仿佛亲临其境般体验当地的乡村民俗文化和风俗习惯，进而提升他们的旅游体验。

第五，与艺术机构合作，拓展乡村民俗文化艺术的创新形式。传承人与文化艺术院团携手，将乡村民俗文化的音乐、舞蹈和技艺等元素融入歌剧、舞蹈和戏剧小品等舞台作品中。结合线下展演和线上数字平台直播、网站回放的方式，将乡村民俗文化艺术作品上传至网络，与更广泛的受众分享，以此向更多观众展现乡村民俗文化的独特魅力。

第六，通过网络平台举办乡村民俗文化的在线讲座、研讨会和座谈会，向公众介绍乡村的传统节日、习俗，以及传统手工艺等。同时，邀请专家学者和其他相关从业人员参与，展示乡村民俗文化的相关照片、视频和讲述相关故事，分享乡村民俗文化的理论知识和实践技艺。此外，通过专家学者的专题研讨，促进对乡村民俗文化传承的深入讨论和交流。

综上所述，乡村民俗文化传承人可以通过制作数字化内容、开展数字化教育、打造数字化旅游体验，以及建立数字化传播平台等方式对乡村民俗文化进行数字化传播。这些做法有助于扩大乡村民俗文化的影响力，促进乡村民俗文化的传承和发展，同时让更多的人了解和关注乡村民俗文化的传承与保护工作。

二、新农人的传播研究

明确新农人的概念对乡村民俗文化的数字化传播研究具有重要意义。我国对新农人这一概念的提出相对较晚。《关于加快推进农业科技创新持续增强农产品供给保障能力的若干意见》提出"新型职业农民"的概念。"新型职业农民"是指在乡村从事农业生产经营的农民，他们是在传统农业经营模式的基础上，不仅具备生产经营能力，还掌握一定的专业知识和技能，能够灵活运用现代农业科技和管理方法，不断提升农业生产效益和质量，并积极参与农村社区发展和农村产业结构调整的一类农民[①]。新型职业农民往往具备专业的农业知识和农事技能，能够运用现代农业科技和管理方法，在农业生产过程中采用生态友好的农业技术和方法，提高农业生产效率和质量；他们具有创新意识和创业精神，能够积极探索新的农业经营模式和市场机会，实现农业产业的转型升级。由此可以看出，"新型职业农民"是乡村振兴的重要力量。随着国家一系列乡村振兴政策的发布以及国家对"三农"工作的支持，越来越多的专家学者开始关注农村和农业农事生产，对新农人的研究也进入了常态化阶段。多数专家学者认为"新型职业农民""新农人"在本质上还是农民，依然是开展农业生产的农民，但又不同于以往从事农业生产的农民，"新农人"具备职业化、专业化、信息化和市场化的思维，不仅是单一的生产者还是推动乡村、农业农事发展的生产者、研究者、销售者等。新农人具有多重身份特征，他们不再是传统意义上的农民。新农人不仅关注农业生产的效益和产量，还注重生态环境保护、农产品的质量与安全、农村的发展等。他们通过农业合作社、农业互联网平台、农村旅游等方式，致力于提高农业生产效率、推动农村经济发展、改善农民生活质量，以及保护农业文化和乡村传统。同时，新农人也包含宣传乡村民俗文化和乡村记忆的新时代乡村传播者，以及积极致力于推动农业可持续发展的人群。随着电商行业的深入发展，抖音、快手等自媒体行业的兴起，年轻一代中具有创新意识和创业精神的人把目光转向了农村农业，对农村农业充满好奇和热情，并积极探索和应用新的农业技术和方法，为农业现代化和农村振兴注入了新的动力和活力。

---

① 李谷成.高素质农民新概念与农村双层经营体制新内涵[J].理论探索,2021(1):5-11.

（一）新农人的特征

从乡村民俗文化的数字化建设和传播角度来看，新农人表现出以下特征：首先，新农人拥有扎实的理论基础和专业技术知识，通常通过自学或拜师学艺的方式接受高等教育或专业技能培训，了解农业农村及乡村民俗文化，能够独立进行农事生产和技艺传授。其次，面对农业科技和市场环境的快速变化，新农人具有终身学习的意识，以此不断提升自己的知识和技能。作为乡村民俗文化的教育者和传播者，他们通过线上课程、工作坊、直播讲座等形式传授民俗知识和技能。再次，新农人能够熟练运用信息技术，愿意接受新媒体、新技术，如智能农业设备、互联网农业等，并具备制定网络营销和传播策略的能力，会利用互联网和新媒体平台了解市场需求并制定市场策略。他们能够利用现代信息技术，如互联网、社交媒体、移动应用等，记录、保存和分享乡村民俗文化，推广和宣传乡村民俗文化，提高其在网络上的可见度和影响力。最后，新农人还注重乡村的可持续发展，关心乡村振兴和乡村民俗文化的发展，愿意参与到乡村民俗文化的保护和发展中，动员村民和文化爱好者参与乡村民俗文化的数字化进程，共同维护和发展乡村民俗文化。他们具有强烈的创新意识，拥有创新精神和企业家精神，愿意尝试新技术，将传统民俗与现代元素相结合，创造新的表现形式，如通过增强现实、虚拟现实等技术提供沉浸式的乡村民俗文化体验。

总的来说，新农人代表了一种新型的农业人才，他们不仅仅是生产者、传播者，还是创新者、学习者和市场的参与者，他们通过整合各种资源，推动乡村农业、乡村民俗文化的发展。

（二）新农人传播的意义

正如学者梁漱溟所指出的，中国社会的基础和主体是乡村，大部分文化都源自乡村，也是为乡村服务的。乡村民俗文化中蕴含着村民对天地的敬畏、生产生活的智慧以及生生不息的自然情感，还有邻里互助、诚信友爱、和谐共处、追求大同的道德理念。自党的二十大以来，乡村发展迈入了新时代。乡村的振兴不仅仅意味着农业经济的繁荣、村落基础设施的完善和农村生活水平的提高，也意味着乡土文化的传承、乡村民俗文化的传播与发展。

新农人是乡村民俗文化的重要传播者。乡村民俗文化是传统文化的重要组成部分，是乡村地区身份的重要文化特征。新农人通过传播乡村民俗文化，推动乡村地区优秀文化的保护和发展。乡村民俗文化中含有丰富的历史、社会、艺术和哲学元素，新农人的传播对青年一代也具有教育意义。乡村民俗文化是一种情感纽带，是增强乡村村民凝聚力的重要因素。新农人传播乡村民俗文化，可以加强村民之间的情感联系，激发人们共同的"纽带"意识和归属感，营造团结互助、和谐友爱的邻里氛围。乡村民俗文化传播是乡村振兴战略的重要组成部分。首先，随着乡村振兴的持续推进，城市化建设的深入发展，乡村面临同质化的压力，在这一背景下，新农人通过弘扬本土民俗文化，有助于提高当地居民的文化自信。其次，乡村民俗文化的传播可以成为促进乡村经济发展的一种途径，推动乡村的全面发展。新农人在农业农事活动中，将乡村民俗文化与农产品或农业旅游相结合，可以增加产品的附加值，提升品牌形象，增强产品的市场竞争力。

（三）新农人传播的方式

第一，利用社交媒体平台进行传播乡村民俗文化。新农人可以利用自身的专业技术知识，在社交平台上创建乡村民俗文化栏目，在社交平台个人专栏上定期发布关于乡村手工艺、乡村传统活动等方面的内容。他们可以以视频和文字的形式发布有关乡村民俗文化的短视频、故事和文章。此外，新农人还可以在公众号或知乎专栏上撰写连载文章，每期介绍一种乡土节日的来历、风俗和现代实践。同时，新农人还可以利用直播平台实时展示乡村生活、传统活动或手工艺制作过程，例如，在淘宝直播、抖音、快手等平台上进行现场直播，展示如何制作传统手工编织筐篮，并介绍其背后的文化意义。

第二，组织文化体验活动来传播乡村民俗文化。新农人可以创办或参与文化节、工作坊、展览等多种形式的活动，让参观者亲身体验民俗文化。在工作坊中，新农人可以举办手工艺体验活动，现场展示传统技艺的制作过程，并传授相关的民俗文化知识。例如，他们可以教授如何制作传统的土陶、布艺，或者组织农事体验活动。通过这些活动，新农人不仅可以保护乡村民俗文化，还承担起了传播者的角色。

第三，开民俗文化课堂、挖掘新载体传播乡村民俗文化。首先，新农人可以与本地的学校或社区合作，开设关于本土民俗文化的文化课、民俗课等相关课程，或者在学校或社区进行公开演讲和展示，并带领学生亲身参与制作传统土陶等手工艺品的过程。其次，新农人可以同文化协会、歌舞剧团进行合作，一起组织民族歌剧、情景剧或传统音乐和舞蹈表演，从而将传统乡村民俗文化与新的载体、新的传播形式相结合，通过音乐、舞蹈、歌剧和舞台表演来传播乡村民俗文化，讲述它们的历史和背景，这不仅让更多的受众感受到乡村民俗文化的现代价值和魅力，还能激发人们参与保护乡村民俗文化的欲望。通过创意和技术的结合，新农人使传统文化在现代社会中得以传承和发展，从而有效扩大了乡村民俗文化的影响力。

第四，借助电子商务平台推广乡村民俗文化。新农人可以独立或与其他博主合作，在电商平台上销售具有民俗特色的产品，并通过讲述产品背后的故事来传播民俗文化。例如，在抖音、淘宝直播等平台上销售手工竹编农产品时，可以讲述该产品与当地传统文化的联系。新农人在直播中讲述或间接销售农产品的同时，不仅传播了民俗文化，还创新了传播方式，满足了新一代网民的需求，使传统文化焕发出新的活力，适应了现代社会的发展。

第五，利用数字化方式传播乡村民俗文化。新农人可以与本地政府、文化艺术场所或非营利组织进行合作，利用三维场景建模技术创作和编辑数字内容，将民俗文化故事和技艺转化为数字媒介，实现乡村民俗文化的数字化展示，共同推广乡村民俗文化，如在云端创建线上博物馆、民俗文化数字档案、云上 VR 体验馆等方式，以数字化形式保存和展现民俗文化。

用户可以通过云端了解乡村，了解乡村民俗文化和传统技艺，甚至可以虚拟参观传统村落，体验手工艺制作过程。

综上所述，新农人能够利用自身的技术知识和创新思维，有效地对乡村民俗文化进行数字化保护和创造性传播，从而让这些文化在新时代下焕发新的活力并得到传承。新农人传播乡村民俗文化既是出于对传统文化的尊重和保护，也是为了推动乡村振兴和经济发展。这种传播有助于文化的可持续发展，同时也是实现乡村振兴战略的重要途径。

三、艺术家的传播研究

乡村民俗文化需要在继承中发展、在传播中发展。乡村民俗文化蕴含着地域特色和民族风格，它通常体现一个地区的地方特征、文化传统和社会生活风貌，具有浓厚的地方文化特色和价值。其种类丰富多彩，既有民俗记事、手工艺术、传统歌舞，也有装饰艺术、民间技艺和传统节日等。多数乡村民俗艺术融合了实用与审美、艺术与教育、物质价值与娱乐的多重功能。在现代新媒体艺术和技术的冲击下，乡村民俗文化面临着保护和传承的困境。然而，在信息化和数字化时代下，艺术与技术的结合为乡村民俗文化的传播带来新的传播载体和方式。

艺术家是从事艺术生产的人，如在绘画、雕塑、音乐舞蹈、戏剧影视等艺术领域中具有深厚艺术创造力并以此为主要职业或生活方式进行创作活动的个体。艺术家通常具备深厚的艺术知识，掌握一定的艺术技艺，熟悉各种艺术形式，具有高度的创新能力，善于通过艺术作品的创作来表达独特的美、情感与思想。

作为艺术创作的主体，艺术家在艺术活动中具有重要的地位和作用。他们可以透过艺术作品表达独特的见解和情感。部分优秀的艺术家能够创造出引发共鸣、启发思考、提供审美愉悦，甚至促进社会变革的艺术作品。不同艺术领域的艺术家对生活和工作的态度也不同。有的艺术家独自创作；有的艺术家则倾向于团队合作；有的艺术家追求作品的商业品牌和经济价值；有的艺术家注重个人表达和内在满足，不受市场或外界评价的影响；

有的艺术家追求在艺术展览中创新和突破自我。如文森特·梵高是后印象派代表人物，以其独特的色彩运用和情感表达而著称；日本的艺术家草间弥生以其充满波点图案的视觉艺术作品和装置艺术，展现了她对无限和自我形象的持续探索。

民俗艺术家是艺术家中的一个派别，是指专门从事民间艺术和手工艺研究和创作、保护和传承的艺术家或团体，也包括从事民俗艺术研究的专职人员，他们在这个领域取得了一定的成就。民俗艺术家的艺术活动通常深植于特定传统文化和习俗之中，在艺术创作中守正创新，让传统民俗文化在现代社会中继续发展和繁荣。民间艺术家往往掌握某一类艺术制作技艺，有着较熟练的创作技巧，并在某一领域具有一定的代表性、权威性和影响力。民俗艺术家既是创作者和教育者，又是文化和历史的传递者，致力于教授和传播他们的技能，确保技艺得以存续，他们的存在对于乡村民俗文化的传播具有至关重要的作用。如中国的非物质文化遗产剪纸就是由民俗艺术家进行创作和传承的，这些艺术家不仅保留了传统的剪纸技艺，还可能会创新发展出新的剪纸风格。

综上所述，艺术家具有多重身份，是多面的创造者，其艺术活动对乡村民俗文化及艺术的发展有着深远的影响。艺术家们通过不同的媒介和方式，呈现了人类情感的复杂性和社会现象的多维度，是文化传承与创新的重要力量。

（一）艺术家的特征

艺术家是具有创造性思维、情感敏感度和独特个性的个体，他们通过精湛的技艺创作出具有强烈个人风格并富有情感表达的作品。艺术家在社会中担任传承者、创新者、见证者的角色，他们在不同的艺术领域用不同的方式讲述故事、从事艺术活动，从而不断推动乡村民俗文化的传播。艺术家通常具有以下三个显著特征：

第一，个性特征。艺术家往往拥有丰富的想象力、创造力和批判性思维，以及独特的视角。他们善于观察和捕捉生活中的细节，并将这些细节通过艺术形式表现出来。艺术家具有独立的思考能力，倾向于用自己的方式看待世界，而不是盲目接受传统观念。他们具备持续的探索精神，在创作过程中不断探索新的材料、技术和表达方式。作为文化创新者，艺术家可以引领文化潮流，推动某一领域艺术的发展。同时，乡村民俗艺术家的作品通常具有鲜明的地域特征，这些作品反映了不同地域环境所带来的自然环境、社会风貌和民俗文化的差异。

第二，精通技艺且对美有较高的追求。艺术家，尤其是乡村民俗艺术家，往往通过师父传授或自我学习等方式掌握一种或多种艺术形式的技术。艺术家追求美的形式多样，可以是视觉美、听觉美，也可以是思想上、形式上的美，这种美感渗透在艺术活动的全过程。在追求美的过程中往往需要他们投入大量的时间和精力进行艺术创作。同时，艺术家的情感体验常常成为其创作的源泉。乡村民俗艺术家往往具有深厚的文化根基，其作品深深植根于乡村地区的文化和传统中，包含丰富的民间故事、历史传说和地方信仰。

第三，优秀的传播者和教育者。艺术家不仅是传承者，也是优秀的传播者和教育者。他们通过艺术活动，举办讲座和开展教学活动，以及开设工作室等，将自己的艺术知识、理念和技艺传递给徒弟和受众。乡村民俗艺术家的作品具有教育价值和实用性。在乡村地区活动中，乡村民俗艺术家扮演着重要的角色，他们不仅是创作者，也是文化的传播者和教育者，常常通过地区或跨区域的活动来传授艺术技能、传播文化知识，并分享他们的艺术作品。

艺术家的特征是复杂的、独特的，是极具个性的。艺术家身上相互交织的特征使其在艺术活动中不断地实现自我超越，不断地探索未知的艺术领域。乡村民俗艺术家的作品是文化多样性的体现，也是人类非物质文化遗产的重要组成部分。无论是中国的剪纸艺术、印度的玛达尼画、非洲的面具雕刻还是南美的编织工艺，都是乡村民俗艺术家通过自己的创作活动，让传统艺术在现代社会中持续发展和繁荣。通过展览和各种文化交流活动，乡村民俗艺术家不仅为公众提供了欣赏和接受教育的机会，也对增强社区凝聚力、保护文化多样性和促进经济发展起到了积极作用。

（二）艺术家传播的意义

艺术家的角色不仅限于创作，他们还是探索者、创新者、教育者和传播者。艺术家们探索新的创作形式、技巧和理念，推动艺术的不断发展。他们不断在传统艺术和乡村民俗艺术实践中进行创新。作为教育者，艺术家通过工作坊、讲座、展览和出版物等形式传授艺术知识和技能。作为传播者，他们通过自己的作品传播文化、价值观和理念，影响公众。

因此，我们必须认识到乡村民俗文化是一个国家和社会历史的根本和灵魂。这种文化通常涵盖传统节日、仪式、音乐、舞蹈、戏剧、手工艺、口头文学和生活方式等元素，它们反映了人们的日常生活、信仰和价值观。乡村民俗艺术家作为这些文化遗产的守护者和传播者，其行为背后承载着深远的意义。

第一，保护和传承文化遗产。乡村民俗文化是一个国家或地区独特的文化资源，是中华传统文化的重要组成部分，具有深厚的文化价值。随着外来文化的冲击、新形式和新潮流艺术的推广，以及乡村地区年轻一代的外流，乡村民俗文化面临着丧失和衰退的危险。乡村民俗艺术家通过持续的展览和演出实践来传播乡村民俗文化，使这些文化不仅得以保存，而且能被公众了解和欣赏，从而保护和传承这些宝贵的文化遗产，让它们得到更广泛的认知和重视，使它们不被遗忘。

第二，弘扬乡村民俗文化，激发文化自信心。乡村民俗文化是一个民族或地区生活的人们在长期的历史发展中孕育的独特文化，它象征着民族、地区或村落的身份、精神风貌及价值追求，具有鲜明的代表性。乡村民俗艺术家传播乡村民俗文化可以在地区内部形成一种共同的文化认同和精神纽带，有助于增强个人和群体的文化认同感，促进村落的凝聚力和发展[①]。通过开展文化活动、培训和交流，乡村民俗艺术家能够激发村民和其他受众群体对本土文化的热爱和归属感。乡村民俗艺术家传播乡村民俗文化可

---

① 蔡丰明.城市语境与民俗文化保护[J].齐鲁艺苑，2011（2）：9-13.

以让更多的群体了解中华博大精深的文化及探寻民俗文化的根源，增强人们的文化自信心、民族自豪感和凝聚力，让大众更加珍视和维护自己的文化传统。

第三，培养传承者。艺术家通常拥有丰富的专业知识和技能，他们通过参与文化传播和教育活动，确保文化的传承。在这些活动中，艺术家能够培养出更多的艺术家和乡村民俗文化研究者等艺术领域的专业人士，从而保证知识和技艺的传递。这些艺术从业者在各自的领域内，为乡村民俗文化的保护和传承提供了必要的人才支持。

第四，促进文旅产业发展。乡村民俗文化具有独特的艺术魅力，通过"以文造景、以文叙事、以文说情"的方式挖掘本土文旅产业资源，营造能够吸引游客前来体验和欣赏的休闲景观空间。艺术家通过传播乡村民俗文化、展示和销售艺术作品，可以为当地的文旅产业创造经济价值，带动当地产业的繁荣，增加当地人的就业机会。此外，地区文旅产业的发展还提供了一个展示乡村地区独特文化的平台，这有助于提升该地区的知名度和吸引力。

第五，在文化交流中传播，在文化交流中提升自我。艺术家在传播乡村民俗文化的过程中，能够促进不同民族和地区之间的文化交流与融合。他们通过艺术作品展示、表演等形式，展现具有鲜明特色的乡村民俗文化，并使其与外界文化进行对话。这种跨文化的交流不仅丰富了民族文化的多样性，促进了各民族地区文化的交流与融合，还增进了不同文化之间的理解和尊重，为乡村民俗文化的发展创造了新机遇；同时，展示了乡土文化的独特性和美学价值，使更多人了解并欣赏其他地区的乡村民俗文化，加强了各地之间的友谊与合作。此外，艺术家还在文化传播和交流中学习并吸收其他艺术创作形式和方法，提升自己的创造力。

乡村民俗文化的传播对于促进民族或乡村地区内部的凝聚力和团结至关重要。共同的文化实践和庆祝活动增进了邻里之间的联系，增强了文化认同感。这种团结是乡村地区面对社会和经济挑战时的重要支撑。总的来说，艺术家在传播乡村民俗文化方面扮演着重要角色，他们保护和传承文化遗产、弘扬乡村民俗文化，激发文化自信心、培养新一代传承者，还推动文旅产业发展，并在文化交流中提升自我。乡村民俗艺术家通过自己的舞台和声音，讲述乡村民俗文化故事。传播乡村民俗文化既是对传统文化的保护和传承，也是为了促进文化的多样性和多元发展，以及为社会和经济的可持续发展作出贡献。

（三）艺术家传播的方式

艺术家传播乡村民俗文化的方式多种多样。随着科技的发展，许多艺术家开始涉足数字艺术、虚拟现实艺术等新兴领域，他们使用计算机程序、数字媒体、互联网等工具探索艺术与技术的交叉融合，传播民俗艺术。他们利用自身的艺术才能和创造力，以及各种传播媒介和平台，将乡村民俗文化展示给更广泛的受众[①]。

第一，通过艺术活动和重大节庆进行传播。艺术家们可以通过在当地举办艺术进万家、进中小学等活动，让儿童、青少年、中老年人在艺术创作和艺术体验中了解乡村民俗文化；艺术家们还可以借助传统节庆活动来传播乡村民俗文化，如可以在春节、中秋节、元宵节等节日中展示当地的民俗文化，推动文化经济的发展。如在春节开展年画剪纸活动，邀请他人体验创作，这些创作的艺术作品既可以售卖也可以被带回家。在这些活动中艺术家们扮演着设计、策划、表演等多种角色，确保文化传统以原汁原味的形式得以展现。

第二，通过教育与培训进行传播。艺术家们可以通过举办讲座、研讨会等形式来传授民俗艺术。例如，艺术家们可以开设编织、陶瓷制作、传统绘画等技艺课程，这些课程不仅能教授具体的技能，还能在教学过程中传递文化背后的故事和精神。同时，艺术家们也可以进入学校和社区，开设乡村民俗文化课程，教授传统手工艺、民间音乐、舞蹈等技艺。这些课程可以让更多的学生学习和传承乡村的传统文化，培养他们对传统文化的

---

① 李义淳.网络艺术区对当代艺术生活的影响[J].新闻爱好者(上半月),2012(5):81-82.

兴趣和热爱。例如，某地区的剪纸艺术家在当地小学开设剪纸课程，教授学生剪纸技艺，使这一传统手工艺得以传承；画家王丽在某小学开设了乡土绘画课程，教授学生如何从乡村生活中寻找创作灵感，并通过绘画展现乡村之美。这不仅培养了学生的艺术素养，也加深了他们对家乡的情感联系。

第三，通过艺术展览与展示的形式进行传播。艺术家可以通过举办个人展览，将乡村民俗文化展示给观众。他们可以定期在市民广场、博物馆、艺术馆等公共场所举办乡村民俗文化展览。在展览中，艺术家可以结合艺术作品，通过文字、图片、影像等形式，向观众介绍乡村民俗文化的背景和内涵，也可以展示本土的艺术工艺品、民间艺术品等，让更多人了解并欣赏乡村民俗艺术。同时，艺术家也可以与当地相关机构合作，举办乡村文化活动、讲座和座谈会等，以扩大乡村文化的影响力和传播范围。如国内许多艺术家致力于晋剧、皮影戏等地方戏曲的复兴，他们在全国乃至世界各地举办演出，同时开设工作坊，吸引年轻人学习传统艺术。

第四，借助数字媒体与社交平台进行传播。在信息化时代，新媒体成为传播信息的重要渠道。随着新媒体技术的发展，越来越多的乡村民俗艺术家利用数字媒体、视频网站和社交平台来传播乡村民俗文化。艺术家们通过在个人账号上制作民俗艺术讲堂和艺术创作视频、编写图文资料、发布社交帖子、创建在线直播课堂等方式传播乡村民俗文化。例如在微信公众号、微博等平台上发布自己的艺术作品、分享乡村民俗文化知识、展示制作技艺。"唐泥人"这位泥塑艺术家，就是通过自己的微信公众号、抖音号，发布泥塑作品及其制作过程，吸引了大量粉丝关注和转发，让更多的人了解了传统泥塑艺术。

第五，通过出版乡村民俗文化图书来传播。编写著作和发表文章是传统传播乡村民俗文化的方式之一。艺术家们通过撰写关于乡村民俗文化的图书、研究报告和文章，为读者提供学习和了解传统文化的资料。这不仅是将个人艺术实践与学术研究相结合的过程，而且能够将乡村民俗文化的独特视角和深刻见解传达给更广泛的读者群体。艺术家可以深入乡村地区进行实地研究，通过观察、采访当地居民、参与当地活动等方式，深入了解乡村民俗文化的特点和内涵，收集第一手的生活资料和故事。基于这些资料，艺术家可以进行艺术创作，如绘画、摄影、雕塑等，展现乡村民俗文化的魅力、历史、传统和生活方式。艺术家可以将这些创作和研究成果整理成图书，或发表文章进行宣传。通过这种方式，艺术家可以向更广泛的读者传达他们对乡村民俗文化的理解和认识，激发公众的兴趣和关注。同时，出版图书和发表文章也有助于将乡村民俗文化的独特魅力和价值传递给更多人，促进乡村民俗文化的传承和发展。此外，艺术家的这些努力也能引起公众的关注和思考，推动社会对乡村民俗文化的重视和保护。

总之，艺术家在传播乡村民俗文化方面具有积极的作用。不同领域的艺术家通过多种方式将乡村民俗文化传递给更多的人，让这些文化得以传承和发扬。艺术家不仅传播了乡村民俗文化，同时也为保护这些文化贡献了力量。

四、政府的传播研究

政府是指掌握国家政权的组织机构，代表国家履行管理、治理和服务的职能。政府的主要作用是维护社会秩序、保障公共利益、促进社会发展和提供公共服务。[1]近年来，随着信息化、数字化的发展，我国新媒体产业呈现出蓬勃发展的态势，出现了新的大众传播窗口，如抖音、快手、微博、微信公众号等社交媒体平台。我国政府职能的转变及行政管理体制的不断完善，使得以各级政府为主体的信息传播活动逐渐深入大众视野。国家新闻办、教育部、民政部、公安部等各级政府部门纷纷在新媒体平台上开设账号，设立新的发声渠道。通过分析主流媒体平台，政府在新媒体平台进行信息传播的活动日渐活跃，如国防部在抖音平台的账号上发布国家安全、征兵等视频内容。[2]

---

[1] 李绵.管理哲学视域的政府责任伦理研究[D].哈尔滨:黑龙江大学,2019.
[2] 张涛甫,王智丽.改革开放40年的中国政务传播实践[J].新闻与写作,2018(10):71-77.

政府是传播的主导者,作为国家行政机关和执行机关,它承担着政治、文化、经济、生态和公共服务的五大职能,依法管理、指导、保护和服务国家的政治、经济、文化和社会公共事务。各级政府作为执行国家事务的机构,体现了公共行政的性质和方向。政府传播的渠道包括报纸、广播、电视和网络媒体等。政府既可以通过法律和政策强制民众遵守,也可以通过公众媒体,如中央电视台、官方抖音平台、官方微博等进行宣传和倡导。政府与媒体之间的关系不仅是领导与被领导、管理与管理的关系,也包括监督与被监督、引导与被引导的关系。政府传播面向所有公众,发布的政策法规具有强制力,必须遵守;而发布的其他信息虽不具强制力,但因其影响力大、群众认可度高,同样具有重要的引导作用。

(一)政府传播的特征

第一,权威性。政府作为国家权力的代表,其传播行为具有权威性。政府的权威体现在经济、政治、外交等多个领域,这种权威性在信息传播过程中同样得到体现。政府传播不仅是政策的宣传,也是管理的延伸。通过政令的颁布与解释,公众可以了解政策法规和国家事务。

第二,正确的政治导向。政府在信息传播中始终坚持正确的政治导向,确保传播内容符合国家利益和党的方针政策。在宣传社会主义核心价值观、弘扬爱国主义精神等方面,政府的信息传播工作发挥着重要作用。

第三,实证性。政府发布的信息是经过证实的,政府掌握的信息渠道全面、准确、完整。一旦政府信息发布,它就成为信息传播的主渠道,这是其他企业或大众传媒所不具备的优势。

第四,强调社会责任和注重时效。政府在信息传播中强调社会责任和文化传承,通过传播积极倡导社会正能量,推动社会文明进步,并注重传承和弘扬中华优秀传统文化。同时,政府力求在最短时间内将政策宣传、灾害预警等重要信息传递给公众,以便公众能够及时采取应对措施。

第五,传播渠道多元化。政府可以利用多种渠道进行信息传播,包括传统媒体(如电视、广播、报纸)和新媒体(如官方网站、微博、微信公众号、抖音等）。此外，政府还通过举办座谈会等方式与民众直接互动，传递政策和理念。

（二）政府传播的目的

为了满足人民群众不断增长的精神文明需求，政府致力于建设文化强国。乡村地区有着优秀的"文化火种"，数字化建设和传播乡村民俗文化对保护乡村精神风貌、丰富村民精神生活以及坚定村民文化自信具有重要作用。政府保护和传播乡村民俗文化是乡村振兴建设的重要内容之一。乡村民俗文化是乡村文化的重要组成部分，是当地居民在长期的历史发展过程中形成的独特文化形式，蕴含着丰富的文化内涵。政府通过新闻渠道传播乡村民俗文化，可以增强公众对乡村民俗文化的认识和理解，防止这些文化的流失，促进乡村民俗文化的传承与发展。如在安徽省宣城市，政府积极开展六安鼓曲的保护和传承工作，并将其作为乡村振兴的重要内容之一，通过重点培养年轻人学习鼓曲艺术和推广演出，宣城市成功将六安鼓曲打造成了一个吸引游客和投资的品牌，为当地带来了经济效益。

乡村民俗文化具有丰富的历史、文化和经济价值。作为乡村旅游的重要资源，乡村民俗文化是乡村经济发展的重要支撑。政府对乡村民俗文化进行推广和宣传，可以让更多的人了解和体验到乡村民俗文化的魅力，也可以吸引游客和投资商，促进乡村地区乡村旅游业的发展，提升乡村地区的经济效益和知名度。

政府进行乡村民俗文化传播可以增强民族凝聚力和增进人们的文化认同感。中国拥有悠久的历史和灿烂的文化，而乡村民俗文化则是其中的重要组成部分。政府传播乡村民俗文化，可以让各族群众共同分享、传承和发展中华优秀传统文化，增强民族认同感、民族凝聚力和自豪感，推动社会和谐稳定发展。同时，政府对乡村民俗文化进行传播，可以吸引国内外的文化爱好者和学者，促进文化交流，弘扬中华优秀传统文化。通过与外国友好城市、国际组织等的合作，政府可以推动乡村民俗文化的国际传播，搭建起中外文化交流的平台，提升中国文化在国际上的影响力。

乡村民俗文化可以为社会治理提供有力的支持。首先，乡村民俗文化中蕴含着丰富的传统道德观念和价值观，如尊老爱幼、勤劳节俭、诚信友善等，这些传统道德观念能够引导人们形成正确的行为准则和道德规范，为社会治理提供了规范。其次，乡村民俗文化强调家庭和社区的凝聚力和互助精神。在乡村，人们通常会通过庙会、祭祀活动、传统节日等形式加强村落成员之间的联系和互动，促进居民之间的合作与共建，提升社区的凝聚力和社会治理的效果。最后，乡村民俗文化中蕴含着丰富的传统智慧和自治机制，如村规、民约、乡约等。这些自治机制能够调节社会关系、解决纠纷，为社会治理提供了一种基于共识和共同约束力的方式。政府通过整合和传播乡村民俗文化，能够培养人们正确的社会道德观念，建立基于传统智慧的自治机制，增强人们的文化认同感和社会稳定性，进而为社会治理提供坚实的支持。

（三）政府传播的方式

政府可以通过组织和举办各种民俗文化活动以展示和传播乡村民俗文化，这些活动包括民俗表演、民间艺术展览、传统手工艺品展示等，让公众亲身感受乡村民俗文化的魅力。此外，政府还可以通过举办乡村民俗文化旅游节等活动，吸引游客前来体验和了解乡村民俗文化。如在中国传统的春节、元宵节、端午节等节日时，政府可以组织丰富多彩的庆祝活动，如灯会、舞龙、舞狮、赛龙舟等，让游客亲身参与其中，感受乡村民俗文化的魅力。政府还可以安排川剧演出团队到其他城市进行巡演，以吸引更多观众体验和感受传统民俗文化的魅力。

在教育与培训传播方面，政府可以在学校和社区组织乡村民俗文化的教育和培训活动，传授乡村民俗文化知识和技能，加强对乡村民俗文化的教育和推广。通过"大师进课堂"等方式，政府可以鼓励学校开设乡村民俗文化课程，组织学生参加传统手工艺制作、民间歌舞表演等活动，让学生们了解和体验乡村民俗文化。此外，政府还可以聘请专家学者开设乡村民俗文化艺术培训班、讲座，促进传统技艺的传承，提高公众对乡村民俗文化的认识和理解。同时，政府也可以直接资助乡村民间艺术团队、手工艺合作社等，组织培训班和比赛，培养年轻一代对乡村民俗文化的兴趣和热爱，传承传统技艺和工艺。

政府可以借助互联网和新媒体技术，通过网站、手机 App 和社交媒体等平台进行乡村民俗文化的宣传和推广，建立乡村民俗文化在线平台，发布相关的文化活动和信息，提供乡村民俗文化的数字资源和教育内容，让更多人通过网络了解乡村民俗文化。同时，在电视、广播、报纸等传统媒体上开设相关栏目或专题报道，介绍乡村民俗文化的历史渊源、文化内涵以及传承发展情况。此外，还可以在哔哩哔哩、抖音等平台制作乡村民俗文化视频进行宣传和推广，与观众进行实时互动，提高公众的关注度和参与度。

随着数字技术的不断发展，政府可以通过数字化手段传播乡村民俗文化。例如，可以建立乡村民俗文化数字博物馆、虚拟展览等平台，利用数字化技术展示乡村民俗文化的珍贵资料和历史渊源。另外，政府可以投资建设乡村民俗文化的数字化资源库和数据库，对乡村民俗文化的研究成果进行整理、分类、数字化存储和管理。通过建设在线平台，提供乡村民俗文化的数字化资源和研究成果，方便学者和公众获取相关信息，并促进乡村民俗文化研究的交流与合作。

在乡村建设和文化旅游开发领域，政府可以通过打造乡村公共空间来推广乡村民俗文化。政府可以支持在有条件、有资源、有文化底蕴的村落建设民俗文化广场、民俗文化博物馆等设施，以展示乡村民俗文化的历史和内涵，为公众提供了解和体验乡村民俗文化的场所，这些公共设施不仅可以展示乡村民俗文化的成果，还可以成为当地的文化地标和旅游景点。例如，乡村博物馆可以收集和展出乡村生活用具、传统工艺品和民间艺术品等，让人们了解和学习乡村民俗文化的丰富内涵。乡村民俗文化还可以作为一种重要的旅游资源进行开发利用。政府通过推广乡村旅游，将乡村民俗文化作为旅游资源的一部分进行传播。同时，政府可以通过制定相关政策、提供资金支持等方式，鼓励当地居民和旅游企业开发具有乡村特色的民俗文化旅游产品，建设特色农家乐、民俗村、文化景区等，在乡村地区为游客提供体验传统民俗活动的机会。例如，可以开发一系列旅游项目，包括传统手工艺品制作体验、农事体验、乡村民俗表演等，让游客能够沉浸式体验并了解乡村民俗文化的内涵和魅力。

在乡村民俗文化研究与出版方面，政府可以设立专项资金，用于支持乡村民俗文化研究与出版项目，出版相关的学术著作和大众读物。政府可以资助研究机构和学者对乡村民俗文化进行深入研究。同时，政府可以通过资助研究机构、学者和出版机构，支持他们进行乡村民俗文化的调查研究、撰写学术论文以及出版相关图书等活动。政府还可以设立乡村民俗文化研究中心、学术团队或实验基地，提供研究所需的实验设备、图书馆资源和学术交流平台，以推动乡村民俗文化研究的深入和创新。政府可以组织或赞助乡村民俗文化研究的学术会议和研讨会，为学者提供学术交流和合作的平台，促进学者之间的互动与合作，从而推动乡村民俗文化的研究。

政府能够通过国际交流与合作来推广乡村民俗文化。具体来说，政府可以组织国内优秀的乡村民俗文化代表团参与国际文艺表演和艺术交流活动，向全球展示中国乡村民俗文化的独特魅力。此外，政府之间还可以互派演出团队，将国外的优秀民俗文化引入国内进行交流演出，促进中外文化的交流与理解。

总体来说，政府在推动乡村民俗文化的研究、创新和发展方面扮演着至关重要的角色，并拥有显著的影响力。政府的支持能够为乡村民俗文化的学术研究、传承和创新提供动力，同时为学者们创造更优越的研究环境和条件，确保这一领域的持续发展。

第二节　乡村民俗文化数字化传播的受众研究

乡村民俗文化数字化传播的受众研究至关重要，它能帮助我们充分了解乡村与城市、国内和国外不同层次和年龄段群体的特征和喜好，深入了解不同群体对乡村民俗文化数字化传播的兴趣和需求，从而针对不同受众群体设计适合他们的数字传播方式和内容，进一步多角度选择多样的传播渠道，增加数字传播的曝光度和影响力，甚至是提高受众参与乡村民俗文化数字化传播的参与度和满意度。同时，乡村民俗文化数字化传播的受众研究可以帮助我们了解受众对乡村民俗文化的认同程度，找到不同的受众群体较为适合接受的方式，通过数字化传播建立受众与文化之间的情感连接，保护和传承乡村民俗文化，有针对性地进行推广和运营，增强受众对乡村民俗文化的认同感，促进乡村民俗文化的传承和发展。总之，乡村民俗文化数字化传播的受众研究在提高乡村民俗文化的传播效果、增强受众的文化认同感和促进乡村民俗文化的传承和发展等方面具有重要意义。

一、乡村受众与城市受众

在新时代，为了顺应乡村发展的时代化趋势，推动乡村民俗文化的数字化建设和传播，我们既要立足于乡土人情和乡村文化的保护和传承，也要"取其精华，弃其糟粕"摒弃蒙昧和低俗文化，着力提升乡村文化的内涵，这包括传播正能量，带动乡村文化振兴、精神文化建设，并推动乡村经济发展，从而助力实现乡村振兴的宏伟目标。

（一）乡村受众研究

1.乡村受众

乡村受众主要是指生活和居住在农村的居民群体，包括从事农业活动的农民、在外求学或工作的青年和留守儿童等，是一个多元化的群体。从宏观层面来看，乡村受众在地域、民族、政治经济、语言、文化习俗、生产生活方式等方面存在差异，导致其认知到的乡村民俗文化具有局限性和片面性；从微观层面来看，在同一地区同一村落内部，由于受教育程度、性别、年龄等方面的差异，村民对同一民俗文化的认知度也有所不同，乡村受众在生活方式、价值观念等方面表现出较大的差异。整体上来看，乡村受众对乡村民俗文化的认同感和情感程度各不相同，对文化的认知和数字化传播的接受度也存在差异。在乡村民俗文化数字化传播中，乡村受众对乡村民俗文化内容的需求也有所不同，因此传播渠道也应多样化以适应这种多元化的受众需求。

2.乡村受众的特点

在乡村，中老年人对乡村民俗文化有更深刻的体验和认同。例如，在除夕、春节等重要节日时，他们都会积极参与传统习俗的庆祝活动，如放鞭炮、贴春联、祭祖等。老一辈村民可能更注重乡村民俗文化的传承和发展，愿意参与当地的民俗节庆活动，通过言传身教，积极传承乡村的文化遗产。乡村中的青年可能更加关注乡村民俗文化的现代性和创新性。例如，他们会利用手机拍摄有趣的照片或视频分享到抖音、快手、微信等数字化传播平台，向更多的人展示乡村的美景和有趣的场景。乡村受众的性别分布也会对乡村民俗文化的传播产生影响。例如，在某些地区，男性可能更多地参加传统的乡村活动，如农事劳作、节庆仪式等；而女性可能更多地参加与家庭生活和家庭管理相关的活动，如制作传统美食、缝纫、绣花等。因此，在数字化传播中，可以根据性别差异针对性地推送相关内容，以满足不同性别受众的需求。教育程度和专业背景也可能会影响乡村受众对乡村民俗文化的认知和接受程度，受过高等教育的村民可能对乡村民俗文化有更多的研究和理解，对乡村民俗文化的历史背景和内涵有更深入的了解。乡村受众对数字化传播的接受度和传播渠道是多样化的。部分村民可能更习惯使用社交媒体平台，如微信、微博、抖音等，通过这些平台来获取信息和分享自己的经验和观点；而另一些村民可能更倾向于传统的传播方式，如电视、广播、报纸等。

村民在获取乡村民俗文化信息方面具有优势，例如，他们可以通过口口相传、日常交流等多样化的渠道获取信息，而且他们对民俗文化的理解度、接受度、传播度也相对较高，具有较强的自主性。然而，一些村民对传统文化与传统方式的忠诚度较高，难以接受新的内容、新的传播方式，他们对新事物有着明显的抵触心理，接受新事物的时间较长。此外，乡村受众更加关注与自身生活相关的信息。村民在生产生活中对天气、粮食作物价格等方面信息尤为关注。同时，多数村民文化水平相对较低，对复杂信息的理解、分析存在难度，更愿意接受简单、直白的信息。

3.乡村民俗文化在乡村受众中的数字化传播

乡村民俗文化数字化的传播要有针对性。要根据乡村受众的特点进行传播，传播内容要丰富且贴近生活，以满足乡村儿童、青年人、老人等不同群体的需求。乡村民俗文化数字化传播应聚焦于村民感兴趣、愿意了解的内容，符合村民的价值需求和利益。乡村民俗文化数字化传播方式要多样化，要进行差异化传播。针对不同受众群体，根据其的特点和需求进行信息内容的策划和传播方式的安排。乡村民俗义化数字化传播要充分考虑村中老人、儿童、青年人等群体易于接受的渠道和方式，如老人喜爱看电视、听广播，青年人更倾向于通过手机、电脑等电子设备获取信息。总之，乡村民俗文化数字化传播应避免内容过于复杂或抽象，注重情感共鸣和认同感；同时，要充分考虑乡村受众的特点和文化背景，注重内容的实用性和贴近性，以及传播方式的多样性。

如在乡村元宵节上，村民自己动手制作灯笼、粘贴剪纸等，夜晚举行灯会活动，村民们一起欣赏美丽的灯笼，并参与传统的元宵节游戏和活动，如猜灯谜、舞龙灯等，亲身参与传统节庆，亲身感受乡村民俗文化的魅力，增强了对乡村民俗文化的认同和情感连接。另外，村民通过拍摄短视频进行数字化传播，介绍乡村民俗文化活动，如传统婚礼、庙会等。视频呈现出的乡村美景和有趣的活动，可激发乡村受众的兴趣和参与欲望。

（二）城市受众研究

1.城市受众

城市受众是指生活和居住在城市区域的各类人群，该类人群通常具有较高的文化水平和道德素质。城市受众群体数量多，具有现代化、多样化、快节奏生活的特点，他们通常受到所在城市经济和城市人文环境的影响，具有较高的文化消费能力。城市受众获取各类信息的渠道广泛，他们通常通过城市的街头广告、社交媒体、交通广播等平台获取各类信息。城市受众不同于乡村受众，他们常常对新媒体文化、社会潮流、时尚娱乐等内容表现出浓厚的兴趣，时常关注艺术展览、民俗创意、民俗演出等文化活动。同时，城市受众对乡村民俗文化和城市人文环境具有较高的认同感和关注度，他们对城市的博物馆、美术馆、艺术中心、民俗老街等表现出较多的关注，并愿意积极参与城市建设和文化活动。对乡村民俗文化数字化传播而言，城市受众是重要对象和受众。乡村民俗文化的数字化建设和传播，可以向城市受众介绍乡村文化、推广乡村的人文历史，进一步扩大乡村民俗文化的传播范围，加强城市受众对乡村民俗文化的了解和认同，进而促进乡村与城市的交流与融合。

2.城市受众的特点

城市受众的生活节奏快，因此在信息的获取和处理上有着较快的反应速度和较高的信息处理能力，他们偏向于简洁、便捷、即时的信息传播方式。

城市受众具有多样性。城市受众数量庞大、包容性强，对陌生的事物具有强烈的好奇心。城市受众往往热衷于使用电脑、手机来获取和分享信息，对新媒体视频和交互性的内容表现出浓厚的兴趣，他们能够同时处理多种媒体信息，并具备跨媒体的阅读和观看能力。

城市受众的文化消费需求较大。城市受众的生活环境和条件较好，对文化消费具有较高的需求和能力。城市受众倾向于通过社交媒体和线下社交活动与他人进行互动和交流，他们关注时尚、艺术、音乐、电影等文化娱乐领域，追求个性化和高品质的文化产品和体验，并习惯于在社交网络上分享自己的观点、感受和生活理念，以此扩大社交圈子和影响力。

3.城市受众的需求

城市受众在文化娱乐、社交等方面有着多样化的需求，这些需求具有体验性、多样化和社交化的特点。在快节奏的城市生活中，城市受众对休闲娱乐和文化体验的需求比较强烈。他们往往对艺术展览、博物馆参观、音乐演出、观影等活动兴趣较浓，对个性化的体验有较高的追求。他们希望通过参与各种文化活动来丰富自己的视野、提升审美品位和享受艺术的魅力，从而放松身心、释放压力和寻找乐趣。城市受众的多样化需求主要表现在两个方面：一方面，信息获取方式的多样化，他们希望通过各种渠道获取信息；另一方面，信息内容的多样化，城市受众对时事热点、社会趋势、科技创新等方面的信息有较高的关注度。他们渴望及时了解最新的消息和动态，并通过互联网、社交媒体、手机应用等渠道获取信息。此外，城市受众倾向于通过社交媒体、线上社群和线下聚会等方式进行社交互动，他们愿意与朋友、家人和同事保持联系，分享生活经验、交流观点、寻求支持和建立人际关系。

4.乡村民俗文化在城市受众中的数字化传播

微博、微信、抖音、快手等主流媒介是城市受众获取信息和进行社交互动的重要渠道，主流媒介是在城市和乡村都拥有主体用户的现象级互联网应用产品，乡村民俗文化传播也成为新媒体平台上的景观之一①。乡村民俗文化在城市受众中的数字化传播可通过以下方式进行。首先，借助这些平台创建专门的账号或社群，制作优质的多媒体内容，如纪录片、微电影、音频节目等，生动地展现乡村民俗文化的魅力和独特性。这些内容可以发布在新媒体平台或者专门的乡村民俗文化传媒平台上，吸引城市受众观看、收听和分享；通过社交媒体平台的分享、点赞和评论等功能，扩大乡村民俗文化的传播范围和影响力。其次，利用线上平台举办乡村民俗文化相关的线上展览、讲座、座谈会等活动，邀请相关专家、学者和乡村民众进行

① 杨慧,雷建军.乡村的"快手"媒介使用与民俗文化传承[J].全球传媒学刊,2018(4)：140-148.

分享和交流。城市受众可以通过网络参与这些活动，了解乡村民俗文化的历史、传统和特色，提升对乡村民俗文化的认知和兴趣。再次，还可以举办线下乡村民俗文化体验活动，邀请城市受众亲身参与乡村民俗文化的传统活动，如传统手工艺制作、民俗节庆、农耕体验等。这样的活动将为城市受众提供了解和体验乡村民俗文化的机会，增强他们对乡村民俗文化的兴趣和认同感。最后，与城市文化机构、旅游机构、媒体等建立合作关系，共同推动乡村民俗文化的数字化传播。如四川省成都市金牛区开展"交响金牛"活动，"交响金牛"活动已经连续举办18年，从送高雅音乐进社区演变为金牛每季度表演的大型群众文化惠民音乐会，后又演变成逐步走进各个街道社区进行表演的区级优秀群众文化品牌活动。活动以乐团演奏为主，声乐表演为辅的形式进行，这是群众文化表演中流行的街头音乐艺术。金牛区文化馆借助每场音乐会将高雅音乐、流行音乐、民族音乐送到广场、公园、社区、学校、街头巷尾，让艺术走到群众身边，为辖区百姓送去艺术"大餐"，打造群众艺术展示平台，提升全社会的艺术氛围，用艺术增进交流，让市民切身感受到"文化惠民工程"带来的惠泽。

二、国内受众与国外受众

（一）国内受众

我国是一个拥有五千年历史文化的文明古国，地域广阔，人口众多，因此国内受众的需求也是多样的。从人群年龄的差异来看，青少年群体通常对时尚、科技和娱乐感兴趣；中年人更注重家庭、健康和事业发展；老年人则更关注健康、休闲和社交活动。从地域来看，国内一、二线城市的受众通常更注重品牌、品质和个性化，而三、四线城市的受众则更看重实用性、性价比和传统价值观。从城乡差异来看，乡村受众通常更关注实用性、价值性、传承性，而城市受众对新媒体、新文化、新潮流更感兴趣。国内受众的认知特点是多元化的。不同的民族地区具有不同的生产生活环境和人文历史，这些文化差异是影响受众认知的重要因素。不同地区和文化背景的受众对产品、品牌和娱乐形式的接受程度也不相同。例如，云南贵州地区苗族的受众对苗族的服饰、苗族武术和杂艺、苗族刺绣和蜡染等更感兴趣，而北方蒙古族的受众则对蒙古族袍服、蒙古族马具制作技艺、蒙古族民歌、蒙古族马头琴等文化特色更感兴趣。国内受众在信息获取和选择方式上也存在差异。一些县城或乡村的受众更倾向于通过传统媒体来获取信息，如收看电视、听广播、看宣传资料等；而另一些受众则更热衷于新媒体平台。同时，我国消费市场体量大，部分受众注重文化体验，对文化活动、艺术展览、传统文化体验等方面有较高的需求，例如，参观博物馆、观看音乐演出和参加传统节日庆典。

中国的国情和人口数量导致了国内受众的多元化和差异性。国内受众的生活观念受到传统文化的影响，强调国家与责任、家庭与教育的重要性，尊重长辈、重视家庭价值、关注社会责任是普遍的价值观。部分城市居民更注重个人发展、职业成就和个性表达，他们容易接受新事物、新潮流，更倾向于追求时尚、品质和个性化的产品与服务。而部分农村居民更注重家庭、农业生产和社区共同体，重视传统价值观、社会关系和务实性消费。国内受众人群的消费存在差异性。在消费习惯和消费行为上，部分城市人群更倾向于购买高品质、品牌化的产品与服务，强调个性化与时尚感，更注重消费体验和社交价值，偏好线上购物和移动支付，追求时尚、个性化和体验导向的消费。而部分农村人群更注重实用性、性价比和传统价值观。他们倾向于购买农产品、家庭必需品和低价商品，更偏好线下购物和现金支付。在对民俗文化的认知上，城市人群对民俗文化的了解和参与通常相对较低，他们更注重现代化生活方式和消费文化，对传统文化和民俗活动的兴趣相对较少。农村人群则更接近传统文化和民俗活动，更注重传统节日、民间艺术和农耕文化，更积极参与乡村民俗活动和传统习俗。尽管在城市地区，一些年轻人对传统的民俗文化了解较少，但也有一部分城市人群在追求个性化和回归传统之间找到了平衡，开始重视传统文化和民俗活动。随着国内人民生活质量的稳步提升，国内受众的消费购买力逐渐增强，以及我国经济的稳增长、居民收入的增加使得人们的消费能力逐渐提升，对各类产品的需求也在不断变化。然而，不同受众的需求，还存在提升空间，需要政府、协会、民间机构等群体组织加强对乡村民俗文化的传播与推广，提高人们对传统民俗文化和民俗活动的认知度和参与度。

（二）国外受众

全球人口约 80 亿，其中，国外受众占比较大，覆盖范围广，具有多元化的人群特征和文化背景。不同国家和地区因不同的制度、民族文化、生产生活方式和行为模式，人们在生活观念、习俗和社会关系等方面存在差异。例如，北美洲国家强调个人主义和自由，而亚洲国家更注重集体主义和家庭观念。不同国家和地区的生产生活习惯和偏好也有所不同，国外受众在品牌文化、价值观念、超前消费等方面与本土受众有所区别。

在国际传播中，跨地区文化沟通和个性化需求日益增加。跨地区文化沟通需要理解并尊重不同国家和地区的文化差异，避免文化冲突和误解。因此，我们需要为国外受众提供定制化和个性化的产品和服务，以满足他们的特定需求。

了解国外受众的特点和需求对于乡村民俗文化数字化传播至关重要。在乡村民俗文化数字化传播中，我们通过数据分析等方法，了解不同国家和地区的文化差异，以便更好地理解国外受众的习惯、偏好、需求和行为，以及他们对数字化产品和技术的需求，这有助于我们调整传播方式和策略，提升传播竞争力，进一步满足不同受众的多样需求，从而促进我国乡村民俗文化更好地走向世界。

（三）乡村民俗文化在国外受众中的数字化传播

随着中国经济实力的提升和国际影响力的进一步扩大，越来越多的国家开始向中国学习的"热潮"。同时在文化领域，我国的国家文化软实力也显著提升，中国文化走向世界，在国际文化舞台上进行交流和展演，许多国家开办了孔子学院，学习中国文化，过中国节，我国许多优秀的民俗文化也因此走向了世界。在国内，国人对民族文化的重视程度也越来越高。

文化交流与跨文化学习在乡村民俗文化的数字化传播中扮演着重要角色。国外受众对中国乡村民俗文化的数字化传播表现出浓厚的兴趣，他们渴望通过数字平台了解和体验不同的乡村民俗文化，包括节日庆典、传统习俗、民间艺术和手工艺等。对于热爱旅游和文化探索的国外受众来说，数字化传播为他们提供了一种便捷的途径，使他们无须亲自前往目的地就能了解和参与乡村民俗文化的传统活动。以书法绘画为例，作为中国文化的重要载体，中国书画艺术深受世界各国人民喜爱。2022 年 10 月至 2023年 2 月，由中外语言交流合作中心主办的"汉语桥"全球外国人汉语大会书画展成功举办，吸引了全球 88 个国家的众多参赛者，最终评出 120 个单项奖。汉字书法和绘画之美，可以为全人类所共享，"汉语桥"书画展让更多外国人了解中国文化，提高了他们学习中文的兴趣和热情。

建立官方的乡村民俗文化数字化传播窗口也是关键的一步。政府可以联合协会、艺术家、用于民间艺人等群体打造乡村民俗文化数字平台，建立一个专门的网站或应用程序，用于展示我国乡村民俗文化。国外受众可以通过数字化窗口了解、学习相关的信息，包括民俗资源、特色活动和旅游服务，这些信息有助于受众做出更明智的旅游决策，帮助他们选择与他们兴趣和需求的目的地。这为乡村民俗文化的展示和传播提供了更广阔的平台，促进其保护和传承。该平台可以提供丰富多样的内容，涵盖乡村民俗文化的历史、背景和特点，展示传统习俗、节日庆典和民间艺术等。同时，官方的乡村民俗文化数字化传播窗口可以提供在线学习课程，使国外受众能够通过该数字平台了解和学习传统技艺和手工艺，这样可以促进传统技艺的传承和保护，并吸引更多国外受众的参与和关注。

总的来说，数字化传播乡村民俗文化是推动乡村民俗文化传承与发展的关键措施。国外受众对中国各地的乡村民俗文化有着浓厚的兴趣和需求。数字化传播需要注重内容的多样性与质量，通过提供丰富多彩的内容和互动参与的体验，加强与受众的沟通互动，促进文化交流与理解，实现文化的多元化传播与共享，从而不断提升用户体验，满足他们的需求。

第三节　中国式现代化进程中
乡村研究核心问题的再思考

从20世纪二三十年代晏阳初、梁漱溟等人推行的"乡村教育计划"和"乡村建设运动"，到21世纪初以温铁军为代表的"重启乡村建设运动"，再到近年来政府主导的新农村、美丽乡村、和美乡村建设，以乡村为主题的学术研究与建设实践从来没有停止过，且随着乡村振兴战略的提出、实施与推进，越来越多的学者开始关注乡村。习近平总书记在关于"中国式现代化"的重要论述中强调："推进中国式现代化，必须全面推进乡村振兴，解决好城乡区域发展不平衡问题。"这对推进农业农村现代化和实现乡村振兴提出了新要求。在中国式现代化进程中，我们所进行的乡村研究也要肩负起更高的社会责任与学术使命。

乡村研究，是泛化的研究还是框架性的研究；是理论指导实践的研究还是实践推导理论的研究；是自上而下的研究还是自下而上的研究；是社会视角的现代化改造的研究还是文化视角的保存乡土特色的研究；是强调乡村治理的政治学研究还是强调经济发展的经济学研究……从当前的学术成果与建设实践来看，存在着一定程度上的含糊与分歧。究其原因，是乡村研究的核心问题缺乏有效界定，如乡村研究项目的类别有哪些，研究的实施者是谁，样本如何界定，研究内容是否具有结构性特征，应该采用什么研究方法以及研究成果如何转化等。本节我们重点从乡村研究项目类别、研究主体、研究对象（样本）的分析出发，重新梳理乡村研究的几个核心问题，从中探寻乡村研究的发力方向。

一、乡村研究类别

乡村研究不仅具有学术性，也具有实践性，既需要理论的创新、建构与支撑，也需要乡村建设实践来总结经验、验证假设、丰富理论、造福村民。结合我国乡村研究的实际情况，我们把乡村研究的项目类别分为科研项目与建设项目两类。

乡村科研项目的管理部门，是各级各类具有科研项目管理职能的政府部门，负责研究项目的发布、管理、组织、整合、实施等工作，包括全国哲学社会科学工作办公室、国家艺术基金管理中心等政府机构，以及教育部、文化和旅游部、省教育厅、省科技厅、省文化和旅游厅等政府部门。他们针对国家与地方关于乡村发展面临的主要议题，在多学科框架内发布"命题""半命题""自命题"的科研指南，并通过项目级别的认定与经费支持，吸引大量的关注。乡村科研项目的研究者大多数是高校教师，级别较高项目还对申报者职称有着明确要求，因此这类科研项目即使从"应用研究"的立场出发，即使有"采纳证明"的成果形式，其研究仍然更多地体现在理论意义层面。

乡村建设项目的发起部门，是各级政府及与乡村发展有直接或间接关系的部门。这类项目的发起有两条路线，一是成批次的由上至下的"名单"式建设项目，二是单体性的基层乡村自发的建设项目。

"名单"式的乡村建设项目，是指各级政府按照一定标准评选出或者直接认定的重点建设的乡村，往往以"名单"的方式发文。这类项目有着充分的政策支持与充足的资金投入，如《河南省乡村建设示范创建方案》明确指出，"每年选择20个县、100个乡镇开展示范创建，创建期为2年，河南省财政对每个省级示范乡镇奖补1000万元，对每个国家级美丽宜居村庄奖补100万元。对这些乡村建设项目成果的考量，更多的是政治层面的业绩标准与经济层面的产出标准，'旧貌换新颜'不是难事，其'成果'一定要看起来很现代、整洁、幸福、舒适。针对这些项目的研究，无论是项目进行之初的顶层设计，还是项目建设过程中的环节把控，以及项目结束后的效果评估与持续改进，我们都应重视表象之下的实质内容，诸如村民需求、生态环境保护、文化遗产保护、社会公平正义，以及可持续发展等问题如何与政治和经济指标实现均衡发展，应该成为我们重点关注的研究议题"。

单体性的基层乡村建设项目，是指没有经过高一级政府的部署与直接经费支持，单个乡村出于发展目的自主进行的涉及居住环境、生态环境、商业模式等多个层面的全局性乡村规划与建设，其成果则表现为乡村社会文化经济的整体提升。有的是乡村基层领导邀请乡村建设专家入驻；有的则是乡村建设专家主动投身建设。这些乡村大都具有较好的经济基础，拥有丰富的生态资源和文化资源，本身已经具备了一定的发展潜力，因此，乡村建设专家有信心、有兴趣参与其中。这些乡村建设的成果，往往会形成较大规模的影响，甚至成为乡村建设的标杆，但我们要清楚的是，其可复制性是值得商榷的。在研究单体性乡村建设项目时，我们要明确乡村的优势资源，并挖掘可利用的资源，要在可为与不可为之间、在确定建设内容与选择建设方式之间做出明智的选择。

二、乡村研究主体

乡村研究的主体，即实施乡村研究的人员，包括以乡村研究为主要任务的各类研究机构以及对乡村研究感兴趣的各学科各专业的个体研究者两种类型。这种构成既体现出现阶段乡村研究的"组织意识"和"团队意识"，又体现出乡村研究处于多学科交叉的"十字路口"特征。具有学术影响力与科研能力的研究个体，往往是这些研究的发起者与领导者；而具有影响力的这类研究机构，又能够吸引更多、更优秀的研究个体参与其中，促使他们从学术探索的旁观者转变为参与者，进一步提升研究机构的科研能力、实践能力以及社会影响力。

乡村研究的机构，往往依托高校成立，利用高校的科研优势以及核心成员的号召力，成立了研究角度、方法、目的各异，针对性强、差异化明显的乡村研究基地，如"中国人民大学乡村建设中心""北京大学乡村振兴研究院""西南大学中国乡村建设学院"等。这些研究机构既可以通过机构成员科研项目的申报获得科研课题，丰富乡村理论研究，提升个人科研积累，也可以依托机构成员的理论与实践能力承接各级政府发布的乡村建设项目，更加直接地参与乡村实践。

同时，还存在一些更接近民间组织的乡村研究机构，它们的发起者虽然也可能拥有高校教师身份，却又保持着相对独立性，如2004年，刘相波发起成立的"北京梁漱溟乡村建设中心"以及赵月枝发起成立的"浙江缙云县河阳乡村研究院"。前者致力于乡村建设实践，培养并影响了大量致力于乡村建设的年轻人；后者在兼顾乡村建设实践的同时，以发展具有全球视野和中国立场的人文社会科学、创新中国百年乡村建设传统为宗旨，以"引领学术界、教育者、影响媒体人、辐射文化圈"为工作目标，更加倾向理论建构。这些独立性较强的研究机构，在理论研究与乡村建设实践层面更加自由与务实。

乡村研究的个体，情况则相对复杂一些。初期的乡村研究者，大都出身乡村或有着较长时间的乡村生活经验，他们进入乡村研究领域更多地是出于一种使命感与学术自觉，如梁鸿，他通过《中国在梁庄》《出梁庄记》《梁庄十年》等作品，表达了对家乡的关切和改变乡村面貌的愿望。他们的努力转化为文字上的呼吁，但同时也流露出乡村研究者的无奈和对乡村现状的不满。

随着乡村振兴战略的实施与推进，乡村研究成为新的学术热点，各学科的研究者纷纷从本学科视角出发，投入各类乡村议题的研究之中。多学科视角为乡村研究开辟了新的思路，在一定程度上突破了初期乡村研究的困境，尤其是实践性更强的学科学者，他们将理论研究与乡村实践结合在一起，为乡村发展出谋献策，甚至进入乡村、驻守乡村，按照自己的"蓝图"和乡村的实际需要规划、设计、建设乡村。我们应该以开放的姿态欢迎与接纳不同学科领域的学者参与乡村研究与实践，让他们造福村民、服务村民。

三、乡村研究对象

乡村研究必然要围绕乡村进行，而乡村又是一个宽泛的概念。很多初入这一领域的研究者，尤其是没有乡村生活经历的年轻人，对乡村并没有形成清晰的理解与界定，导致许多研究课题与论文缺乏针对性。因此，我们需要对乡村研究的对象即乡村，形成清晰的认识。乡村研究应明确研究对象的差异性，通过实地走访和实践来感受乡村的脉动。

第一，从属性上理解乡村。字面上看，乡村由"乡"与"村"两个汉字组成，代表着两种不同的行政单元：乡是最小的行政区域，村是基层的群众性自治单位。因此乡村首先是一种政治称谓，且作为政治称谓，其落脚点常放在"村"的层面。同时，乡村又与城市相对，即使规模不大的县城，也以城市的标准进行机构组织与规划建设。从这个角度而言，乡村也代表着一种地理称谓。最后，"乡"字又极易与"家乡""故乡"联想在一起，引发情感认同与情绪共鸣，这也是很多研究者对乡村研究产生关注的重要原因。由此，乡村又成为一种文化称谓。因此，进行乡村研究，我们要同时考虑乡村的政治属性、地理属性与文化属性。

第二，从形态上理解乡村。很多场合使用"农村"指称乡村，这是不够准确的，因为农村只是多样化的乡村形态之一。"乡"由"村"构成，根据生产生活形态的不同，乡村可以再进一步细分为农村、山村、渔村、牧村等。也有人将茶村、猎村单列出来，我们从字面就能看出它们之间的差别。这种生产生活形态的不同，又会形成文化需求、经济需求、生态需求，以及社会治理等方面的显著差异。如果不考虑乡村形态的差异性，在广义乡村的层面进行乡村研究，就会导致研究空泛、缺乏足够的针对性与实践意义。

第三，从个体上理解乡村。乡村是一个整体概念，也是一个个差异化的个体，每一个乡村都拥有不同的经济结构、人员素质、历史背景、生活习俗和发展潜力等。相信有过乡村建设实践经历的研究者深有体会，某一个乡村的成功经验，很难直接移植到其他乡村。哪怕是相邻的两个乡村，也会存在很大的差异性。因此，教条主义的乡村研究与建设思路是行不通的。我们可以通过更为广泛的乡村调研与实践，总结具备推广价值的乡村建设经验。但我们必须明确，乡村建设没有"样板间"，乡村研究也做不出可以"复制""粘贴"的乡村建设方案。必须坚持"一村一策"的思路，深入目标乡村，才能真正地服务乡村发展，实现研究意义。

第四，从样本上理解乡村。这里的样本，指的是我们在进行乡村研究时选择的乡村个案。很多研究者喜欢关注"美丽乡村"，从各级政府发布的

"美丽乡村"名单里找出符合自己研究需要的"目标村"，发掘其建设成功的经验，找出其发展中的不足，希望做出查漏补缺、值得推广的研究成果。这样的研究可能不科学。"美丽乡村"无法代表中国乡村的全部，"旅游"式的调研得不到真知灼见。同时，每一个乡村都有自己的差异性，乡村建设的成功经验难以简单地复制粘贴。我们强调的是，在乡村研究的样本选择上，既要参照"美丽乡村"，更要深入一般乡村甚至是贫困乡村，使我们的研究更具建设性意义。

乡村研究是理解中国社会变迁的基石，中国式现代化进程中的乡村研究，对中国现代社会经济文化的发展，更具有重要的理论意义与实践意义。除了乡村研究项目、研究主体、研究对象之外，研究主题、研究方法、研究成果等也是我们开展乡村研究必须深入分析与理清的核心问题。在乡村研究主题方面，依据乡村振兴战略的总目标，我们可以把乡村研究主题简单归纳为乡村产业研究、乡村生态研究、乡村文化研究、乡村政治研究、乡村经济研究。而更为重要的一个研究主题是乡村群众或者乡村居民的需求研究，它应该作为乡村研究的出发点和落脚点贯穿乡村研究始终。在乡村研究方法方面，要摒弃闭门造车的主观臆断，也要警惕投机主义的"文化乞讨"，贴近乡村才能建设乡村，要运用质化与量化相结合的研究方法，既承认理论研究的深刻性与支撑意义，也懂得量化研究的科学性与指向性。在研究成果方面，我们既要警惕理论的泛谈，也要抵制无规划无意义的乡村实践，理论性的学术成果与实践性的建设成果，都是乡村研究成果的重要组成部分，且要重视理论成果向实践成果的转化。

第四节　黄河文化元素数字艺术创作的
技术逻辑与创作策略

黄河文化蕴含着以民为本、养民为政的思想，倡导天人合一、和谐共生的价值观，孕育了自强不息、勤劳务实的精神，构建了中华一家、团结统一的观念。这些文化特质不仅推动着中华民族几千年的繁衍生息与持续发展，成为维护国家统一和民族团结的精神支柱与文化核心，更是新时代坚定文化自信、推动国家发展与民族繁荣的重要精神力量。随着数字技术与艺术设计相结合的发展趋势，数字艺术作为一个新兴的交叉学科与艺术创作领域，以数字科技和现代传媒为基础，将人的理性思维与艺术的感性思维融为一体，在艺术创作、文化传承、艺术鉴赏与批评等方面展现出较大的发展潜力。在数字媒体成为主流媒体的今天，数字艺术不断推动着艺术审美、体验与思维等方面的深刻变革，成为艺术创作的重要途径与文化传播的关键载体。

一、黄河文化元素数字艺术创作的技术逻辑

数字艺术是一种新兴且不断发展的艺术形式，它不像传统艺术那样具有明确的界限。无论是新媒体、数字影像还是交互媒体，都难以对这一概念进行有效界定，我们似乎很难触及数字艺术的本质。因此，尽管黄河文化主题的研究已成为学术热点，数字艺术已进入人们生活且被人们喜爱，以黄河文化为元素的艺术创作也已成为艺术设计领域的一股潮流，但学界对黄河文化元素与数字艺术设计的结合性研究，仍然缺乏足够的关注。笔者认为，对黄河文化元素在数字艺术创作中的应用研究，首先需要明确数字艺术创作的技术逻辑。

（一）传统艺术的数字化处理

在数字媒体时代，传统媒体开始了数字化转型，为传统艺术的数字化处理奠定了基础。法国当代技术哲学家贝尔纳·斯蒂格勒将数字技术所发

展出的可复制性称为"超可复制性",并指出,"复制现象本身不是简单的重复和拷贝,而是对复制物的改造,是一种新的生产"①。因此,传统艺术的数字化处理,是以数字技术作为创作工具对传统艺术作品进行的数字化处理,在"复制"的基础上,赋予其新的生命力与艺术内涵。

20世纪80年代中后期,清华大学美术学院杨先让先生历经4年时间,14次带队深入黄河流域各省(自治区),针对黄河流域民间艺术的种类、风格、习俗开展田野调查,并完成著作《黄河十四走——黄河民艺考察记》。其丰富的文字与图片,成为黄河流域具象文化研究的重要资料。但是,仅靠文字的记录,难以达到数字影像的真实感;二维图片的展示,也没有三维成像体现得细致与具体。从艺术研究与创作角度而言,这可谓一件憾事。而数字化技术的使用,则可将这些黄河文化艺术形式与艺术作品进行数字化处理,无论是数字摄影、数字视频、数字动画,还是虚拟现实等技术,均可赋予艺术作品新的生命力,增强艺术感染力,并从时间与空间上提升艺术作品的传播力。因此,在数字媒体时代,黄河文化的数字化处理工作尤为重要;黄河流域典型的艺术形式与艺术作品的数字化记录,也应该尽早提上日程、落地实施、形成规模。

(二)编程化的数字艺术创作

编程化的数字艺术创作,是指以编程化艺术作品的形式进行的网络艺术、遥在艺术、交互艺术等创作,具有鲜明的虚拟性、交互性与社会性。以博物馆中的编程化数字艺术创作为例,故宫博物院运用数字技术,对传统艺术作品进行了大量的交互创作实践,其中交互作品《黄荃写生珍禽图》就是这方面的典型代表。随着观众手指的触摸,原画中的二十四种禽鸟昆虫,在交互设备的屏幕上"活"了起来,它们抖动翅膀,旋转身姿,或飞入花丛,或冲向天际,或潜入池塘,带领观众完成了一次从感知、想象、情感体验等感性认识到知识领悟的理性认知的完整体验,并从知识的层面

---

① 贺靖.对"灵晕"的呼应:数字复制技术时代的艺术从本雅明到斯蒂格勒[J].新美术,2020(10):24-33.

让观众了解了一段微观历史，从而深刻感受到传统文化的魅力。随着"黄河战略"的深入实施，济南、德州、运城、东营等地方政府纷纷投资兴建具有地方特色的黄河主题博物馆，郑州市正在建设的黄河国家博物馆，更是致力于成为展示黄河文化的综合平台和地标建筑。现代化的博物馆设计，应结合数字化的艺术创作与展示形式；交互装置类的数字艺术作品，应成为这些黄河主题博物馆艺术作品的重要组成部分，彰显黄河文化元素的数字艺术作品，也将获得新的艺术价值，具有更广泛的传播意义。

在数字技术的加持下，黄河文化元素的数字艺术创作则可以突破传统艺术形式所处的时间与空间限制，为黄河文化主题的艺术创作实践提供更多的可能。千里之外的人，可以观赏到黄河流域古村落三维形态的风格演变；九曲黄河的蜿蜒壮阔，可以在不同类型的数字媒体上，以极具想象力的艺术形式获得呈现；"团结、务实、开拓、拼搏、奉献"的黄河精神，既可以通过数字化的影像叙述，也可以设计成数字化的交互装置，让观众深刻感受黄河文化的精神内涵；那些散落于黄河流域民间的、具有各种地域特色的器具、手艺、服饰，也可以凭借更多的数字传播媒介，实现黄河文化的繁荣发展。

（三）融合性的数字艺术呈现

传统时代的艺术创作基本上是单一媒介形式的，即使出现了影视类可以集合声音与图像的艺术呈现形式，也并不能达到数字艺术所具备的图、文、声、像集成以及二维、三维、多维交融的艺术效果。在数字艺术创作中，新技术、新材料、新工具的使用，进一步推动了艺术表现介质与艺术表现形式的变革。当今的数字艺术完全可能是综合了以往所有传统艺术媒体或形式的一种全媒介艺术形式，它可能既是绘画作品也是音乐作品，既是装置作品也是互动艺术作品，既是静态作品也是动态作品①。数字时代的艺术创作，实现了各种艺术媒介你中有我、我中有你的彼此交融，媒介之

---

① 涂波,涂芳.网络信息时代数字媒体艺术作品形式展望[J].南昌航空大学学报（社会科学版）,2016(4):104-108.

间的界限变得模糊甚至消失，使以往单一媒介的信息呈现方式得到了最大限度的突破，实现了各种信息表达形式与艺术创作形式的有效结合。

关于数字艺术融合性的讨论，我们以文化的载体——文化遗存与文物古迹为例。2018年，清华大学美术学院举办了名为"万物有灵"的遗产保护与创新研究成果展，分为紫禁威仪、先贤圣迹、宝相霓裳、邑巷人家、皇苑林泉、传艺承明六大主题展区。其中，作品《重返·海晏堂》充分运用数字技术的交互与多维特性，打造了一个全沉浸的360度交互体验空间，通过联动影像、激光雷达动作捕捉、沉浸式数字音效等手段的结合，展现了圆明园海晏堂从遗址中重现盛景的全过程，为黄河文化元素的数字艺术创作提供了重要的参考[1]。在这样的艺术作品欣赏与体验中，黄河流域的文化遗址不再枯燥，远古的人与物都生动了起来，数十万年前祖先们的生产生活场景仿佛呈现在眼前；龙门石窟、大雁塔也展现出了新的面貌，恢宏浩大的建造过程、纤毫毕现的细节构造、古代信徒的顶礼膜拜等场景都得以生动再现。交互技术的融入也将进一步加深观众的参与感和体验感，为人们奉献了一场场数字艺术的视听盛宴，使观众对黄河流域悠久的文化传承与辉煌的历史形成全新的认识。

二、黄河文化元素数字艺术创作的创作策略

结合数字艺术鲜明的技术特点与创作形式和黄河文化厚重的文化内涵与时代意义，我们认为，黄河文化元素数字艺术创作的创作策略，可以从尊重受众的审美需求、强调数字艺术的交互特征、实现黄河文化的传播价值三个方面着手。

（一）尊重受众的审美需求

黄河文化元素数字艺术创作的审美特征，首先涉及的是文艺作品的审美接受问题。中国古典文艺理论强调客观化的审美接受观念，希望审美接受者能够无限地接近创作者，接近文本的原本意图，其概念范畴是"知

---

① 李四达.数字媒体艺术概论[M].4版.北京:清华大学出版社,2020:69.

音"。20世纪之前的西方文艺理论，也忽视读者及其阅读接受的主动性，与"知音"相类似，强调的是"作者中心"与"文本中心"。

随着现代阐释学在20世纪的兴起与发展，20世纪60年代，文学研究的重心开始转向读者的接受过程，即文学接受理论，或称之为"接受美学"。接受美学强调读者能动接受的意义，认为读者的阅读过程也是作品获得生命力的过程，读者是推动文学创作的动力，文学作品的功能要在读者的阅读中实现。由此，文艺理论也实现了"读者中心"的转向，强调主观化的审美接受观念，强调审美接受主体的审美再创造，以接受主体的解读为主，形成了一种新的解读与阐释方式，即所谓"二度创造"。

在这种情况下，黄河文化元素的数字艺术创作，应该注重对受众需求的分析，注重对作品内容的设计，注重对黄河文化元素的提炼，以传播黄河文化，讲好黄河故事。可以从以下两个方面完成黄河文化元素的数字艺术创作。一方面，深度挖掘黄河文化的艺术资源，以受众熟悉的、具有代表性的黄河元素符号与故事内容为切入点，唤醒受众内心深处的文化记忆，增强作品的表现力与感染力，与受众形成情感共鸣；另一方面，充分利用数字艺术的技术与魅力，实现主题更加深刻、画面更加唯美、意蕴更加丰富的艺术效果。在这里，数字技术不再是陪衬，而是与音乐舞蹈一起成为艺术创作的主角，在技术与艺术的碰撞中形成新的张力。2021年，河南卫视强势"出圈"，春节版《唐宫夜宴》、端午版《洛神水赋》、七夕版《龙门金刚》、中秋版《鹤归来兮》等艺术作品，通过虚拟现实、增强现实、漫画转场、三维建模、360度影像，以及后期特效合成技术，迎合数字时代观众的审美需求，以及对传统文化深厚的情感认同，创造出精妙绝伦的视觉美学作品，呈现出现代数字技术与传统舞蹈艺术的完美融合。

（二）强调数字艺术的交互特征

数字艺术的交互性，源于当代哲学范畴"主体间性"的彰显以及20世纪下半叶商业文化范畴"体验经济"的兴起。所谓哲学范畴的主体间性，即当代哲学、美学日益关注的主体之间的对话和相互理解，认为审美不再是主体对客体的掌握和征服，而是主体之间坦诚、平等的共情与理解。[①]这种哲学美学趋势对艺术创作的影响，体现在艺术家们不再以独白者的身份出现，而是在艺术的创作环节能够与受众进行积极的对话与互动。数字艺术在技术上的优势，进一步增强了这种可能性。

日益沉浸在"体验经济"中的消费大众，更具有这种对话与互动的意愿，也为交互性的数字艺术创作奠定了群体基础。在新媒体时代，技术所带来的虚拟的身体感受和审美经验越来越多，也越来越真实，人们越来越强调身体体验。[②]在数字技术加持下，多感官协同作用的体验经济，依托虚拟现实、增强现实、交互装置等技术，消除了生活与艺术、创作者与欣赏者之间的界限，对观众的个体情感、想象力、感知力进行重塑，进一步提升了这种消费形式的经济价值。

交互是数字艺术创作的特有属性；意义的生产，则是数字艺术作品营造意境和提升吸引力与艺术价值的重要途径。我们强调的数字艺术创作，应消除低级趣味，增加内涵，抵制单纯的感官刺激。在数字艺术创作中，我们必须避免一些常见的误区。首先，不应仅为了追求视觉效果而制作那些缺乏艺术内涵和生命力的"数字壁纸"。其次，不应仅为了迎合受众最浅层的体验需求而过度渲染那些只能提供瞬时感官刺激的技术特效。最后，我们也不能将计算机代码生成的五彩斑斓和令人眼花缭乱的效果误认为是数字艺术，而忽视了文化意义层面的思考与互动。这种带有游戏色彩的交互性可能会消解权威，弱化主旋律，因此在创作过程中需要特别警惕并避免。

数字时代的受众，具备艺术作品的解读能力，掌握着艺术欣赏的主动权。最为典型的数字艺术作品——交互装置作品，更是需要受众的参与才能实现作品的创作价值。因此，数字艺术作品的文化意义，是创作者编码与接受者解码共同作用的结果，即我们这里所说的意义的交互。

---

① 钟丽茜.数字交互艺术的审美特征及其局限性[J].社会科学家,2020(4):144-148.

② 杨佳锦,王大桥.审美感知与视觉体验经济[J].齐齐哈尔大学学报(哲学社会科学版),2021(6):101-105.

在黄河文化元素的数字艺术创作中，通过交互装置，我们不仅能欣赏数字艺术作品，还能参与皮影戏的编剧与演出，体验文化遗址的考古过程，并可以按照自己的意愿和选择参与数字艺术创作。在与数字艺术作品的交互中，我们可以感受到黄河源头的涓涓细流在身边静谧流淌，听到高昂激越的信天游在耳边萦绕回荡。黄河流域特有的小物件，任你挑选，触手可及，每一件都能带来不同的理解与感受。

（三）实现黄河文化的传播价值

在黄河文化元素的数字艺术创作中，我们应该基于解码的主动性和意义的交互性，思考如何选择主题和实现艺术传播效果。艺术作品通常具备认知、教育和审美的功能，以黄河文化为素材的数字艺术创作也不例外。我们认为，每一项艺术创作都植根于其特定的时代背景，并承担着文化传播的责任和使命。因此，黄河文化元素的数字艺术创作应当服务于"黄河战略"，讲述黄河的故事，实现黄河文化的传播价值，也就是促进文化的普及和精神的弘扬。这样的创作不仅能够传递知识，教育公众，还能提供审美体验，同时肩负起传承和发扬黄河文化的重要任务。

文化的普及意味着要深入了解黄河文化的起源，理解黄河与中华文明的紧密联系，认识黄河精神的历史以及它在新时代中国特色社会主义建设中的重要地位。这些知识是国家推进黄河战略的基础，也是每一个华夏儿女应当具备的文化素养和基本素质。众多出色的数字艺术作品已经显示出公众对这种艺术形式的认可和接受。在数字技术的助力下，艺术创作能够实现传统艺术形式难以达到的信息传播广度与深度，增强人们对信息内容的关注、理解和记忆。在这样的艺术创作中，黄河历经百万年的地质变化可以得到清晰、直观的展现；围绕黄河发生的数千年的历史事件可以通过三维动画、虚拟现实等多种形式生动地呈现。互动技术的使用能更有效地激发人们对黄河文化的探索欲望。"弘扬黄河文化""讲好黄河故事"因此获得了新的实践途径和传播载体。因此，黄河文化元素的数字艺术创作不仅是一种艺术表达，也承担着推动黄河战略实施的历史使命。

　　黄河文明历经五千多年的沧桑变化，始终生生不息，已成为中华民族深厚情感记忆和文化纽带。随着历史的发展，黄河文化展现出与时俱进、丰富多彩的面貌。黄河文化的深厚底蕴和"团结、务实、开拓、拼搏、奉献"的黄河精神，不仅象征着五千多年来在黄河文化滋养下的中华民族的团结统一和自强不息精神，也体现了黄河流域的人们在与水患斗争中展现出的不屈不挠、顽强拼搏的坚定意志。它凝聚了新时代中国人民砥砺奋进的精神，展现出强大的思想力量和精神动力。将黄河文化元素融入数字艺术创作，就是要利用数字技术的先进性，增强艺术作品的感染力和吸引力；利用数字媒体的广泛覆盖性，扩大黄河文化的传播范围，提升黄河文化的传播效果，以此来弘扬黄河文化的精神。

第五节 非遗汴京灯笼张在开封民俗文化
景观设计中的应用

开封灯彩艺术始于清朝，历经七代传承，盛于当代。灯彩作为传统文化和民俗艺术的结晶，其文化底蕴深厚，深受人们喜爱。开封非遗汴京灯笼张在中原城市乃至北方地区的民俗文化中享有盛誉，成为一张响亮的区域名片。然而当前灯彩文化创意设计的不足，灯与景、景与城市空间的融合深度不够，灯景内容缺乏创新性，导致灯彩与民俗文化景观没有产生有效互动。每逢春节、元宵节等重大节日庆典，开封的大街小巷、公园广场、街旁绿地等都会挂上各种各样、大小不一的灯组，然而这些灯组与景观的融合显得生硬、空洞、缺乏创意，无法充分展现开封的民俗文化特色，本地居民和外来游客感知度和认同感较低。本节通过研究非遗汴京灯笼张在开封民俗文化景观中的应用，探究灯与景、文化与景观的有效融合路径。

一、非遗汴京灯笼张与民俗文化景观概述

中国彩灯历史悠久。汴京灯笼张是中原地区彩灯艺术中的佼佼者。灯笼，也称彩灯，不仅可用于亮化和装饰空间，还因其精美的雕刻花纹、流畅的线条、丰富多样的造型图案，使自然景观和人文观念融为一体，具有极高的艺术价值。[1]开封汴京灯笼张种类多样、工艺讲究、技法严谨，尤其在宫灯、木版画灯、绢纱花篮灯、宋式宫灯等方面多有上乘之作。

民俗文化景观主要基于某一历史阶段或某一地区的民俗文化，通过艺术手法处理，将艺术与文化、文化与景观、景观与设计相互融合，营造出文化旅游景观节点。民俗文化景观不仅聚焦区域的民俗文化，打造多元化、差异化的旅游景点与品牌，还将民俗文化传承与景观营造相结合，以文为脉，将文化渗透到景观设计中，使其相互融合，更加彰显其生命力。开封"彩灯文化"有着悠久的历史、丰厚的人文沉淀，人民群众对其存有深厚的感情与美好的回忆。汴京灯笼张是有着特殊记忆的文化产品，它以灯为媒，

---

[1] 张艺."汴梁灯笼张"的历史传承及工艺特点[J].2011(1):112-113.

以景为点，以文为脉，讲述大宋文化故事，用汴京特有的灯彩举办本地特色灯会，把灯彩文化和城市文脉、主题灯会和景区资源相结合，将灯与城、灯与景相融合，延续历史文脉，传承彩灯民俗文化特性，打造百姓喜爱的民俗文化景观。

二、非遗汴京灯笼张应用于民俗文化景观设计的意义

非遗汴京灯笼张，其独特的外在形态与内涵，能够丰富景观空间的美感，提升景观的文化内涵，使景观空间的内涵和功能更加丰富和完善，给公众带来视觉上的美感冲击。非遗汴京灯笼张融入民俗文化景观的意义主要体现在两个方面。首先，非遗汴京灯笼张是传承非物质文化遗产中的民俗文化的重要内容。通过推广灯彩使文化与景观相结合，打造具有特色的灯彩文化空间和民俗文化景观，满足人民群众在特定节日观灯、赏景的休闲娱乐需求，同时也间接促进了汴京灯笼张的保护和传承。其次，非遗汴京灯笼张是探索文化艺术有效应用的重要载体。在一定程度上来说，彩灯和灯彩本身就是一种独特的景观；汴京灯笼张的独特性不仅在于其自身的价值，还在于其与文化旅游、景观的整合。例如，建设彩灯文化公园，举办"大宋彩灯""汴京彩灯音乐节""中原彩灯嘉年华"等活动。在开封，可以建设一个集彩灯文化收藏、保护、研究、博览以及彩灯制作、贸易、演艺、游乐于一体的彩灯民俗文化景观乐园，使景观成为汴京灯笼张传承的载体。

三、非遗汴京灯笼张在民俗文化景观中的作用及价值

（一）外在：营造艺术空间，塑造地域景观空间色彩

非遗汴京灯笼张具有与生俱来的观赏性、娱乐性，古时人们便有观灯赏景的活动，可以利用景观空间作为灯彩艺术展示、创作和交流的窗口。将非遗汴京灯笼张融入民俗文化景观设计之中，可以有效地彰显独特的地域文化。汴京灯笼张以其浓厚的色彩和鲜明的构图，为景观增添了丰富的

色彩层次。这种"色彩+灯光"的组合特征被直观地展现出来，不仅增加了景观空间的视觉吸引力和趣味性，还创造了一种独特的空间体验。作为一种经典的传统工艺美术品，非遗汴京灯笼张以其独特的造型、鲜明的色彩和柔和的灯光，展现了其艺术特色，传达了深厚的艺术情感，并为景观空间增添了艺术氛围，丰富了公众在景观空间中的视觉享受。此外，非遗汴京灯笼张还能激发公众的愉悦情绪，为他们带来精神上的愉悦和满足。通过采用"艺术与设计""景观与彩灯"相结合的设计方法，可以提升景观空间的整体风格和品位，使整个空间环境焕发出新的活力。这样的设计手法不仅美化了环境，还提升了文化氛围，使汴京灯笼张成为连接传统与现代、艺术与日常生活的桥梁。

（二）内在：文化传承和情感交流

将非遗汴京灯笼张融入景观设计，既能丰富景观空间的类型，又能凸显景观的文化特征。非遗汴京灯笼张在特定景观中的造型、色彩、图案设计都蕴含着特定地域文化特征。赏灯观景是中国历来就有的传统文化活动，非遗汴京灯笼张作为空间中的一种公共艺术形式，能增强景观空间的艺术氛围，突出景观空间的地域特色和人文关怀，丰富公众在景观空间中的视觉体验。在景观空间中，公众通过非遗汴京灯笼张产生情感共鸣，实现精神上的交流，这不仅增加了景观空间的深度，同时也推动了非遗汴京灯笼张艺术的发展。

（三）功能：强化休闲娱乐的功能价值

非遗汴京灯笼张在形和色方面有着很强的艺术特征，其造型多样，色彩绚丽多彩，具有很强的观赏性和娱乐功能，可以使人们在观灯赏景的过程中获得美的视觉享受和精神上的愉悦。非遗汴京灯笼张以其"形、色、光"的特点在景观空间中形成了视觉上的亮点，增加了空间的趣味性。

四、非遗汴京灯笼张在民俗文化景观中的设计理念

以汴京灯彩为纽带，以景观为载体，以弘扬和传承民族文化为己任，打造开封民俗文化景观空间。灯彩与民俗文化景观相辅相成，共同构成了开封文化旅游景观的新亮点。非遗汴京灯笼张在民俗文化景观中的应用，不仅促进了非遗的传承和发展，还增强了地域文化的整合。

（一）形式：和谐原则

为了实现非遗汴京灯笼张与景观的和谐统一，其尺寸、造型和色彩必须与景观要素相协调。在景观空间布局和景点布置上，要突出非遗汴京灯笼张的文化特色，强化"民俗彩灯"的文化属性。同时，景观功能布局应结合地形地貌，通过点、线、面的串联方式设置景观节点，创造出具有民俗文化特色的游玩环境，使非遗汴京灯笼张自然融入景观之中。

（二）空间：艺术性原则

非遗汴京灯笼张在景观空间中的应用需要遵循艺术性原则，确保景观设计不仅具有艺术文化内涵，还具备审美价值。它通过非遗汴京灯笼张的造型、色彩、视角之美实现对景观环境的美化和装饰作用；用艺术化的设计手法对景观空间中的各要素进行补充，从而创造出新的景观效果。同时，将静态和动态的灯彩文化以生动的方式表现出来，可以增强公众的亲身体验和感受。

五、非遗汴京灯笼张在开封民俗文化景观设计中的应用策略

将非遗汴京灯笼张融入民俗文化景观设计中是一种创新的尝试。在营造民俗文化景观过程中，其景观空间的营造除了要合理规划和明确空间节点设计外，还应以文化为核心支撑，从而满足大众多样化的审美需求。

（一）媒介：以灯为媒，依托汴京灯笼张，传承彩灯文化、展现民俗文

化景观魅力

灯会是一种具有历史传统的民俗文化。灯彩有着气势壮观、图案构思巧妙、灯组设计精巧的特点，将灯与景相互交融，可以打造梦幻迷离的空间奇特感。在开封民俗文化景观设计中以灯为媒，依托灯笼张，传承彩灯文化，打造彩灯文化乐园、彩灯公园、灯彩景观大道等民俗文化景观。同时通过举办"大宋彩灯""汴京彩灯音乐节""中原彩灯嘉年华"等灯彩节，打造"汴京灯彩品牌"，突出彩灯文化精髓，展示中华传统民俗，营造浓厚的中国风情。这些活动的主题内容将围绕中国春节、端午节、元宵节等传统节日及区域性文化展开，旨在实现灯与景、景与城的和谐统一，构建一个集观光、游览、赏灯、旅游和消费于一体的彩灯民俗文化景观空间。

（二）内容：文化与地域空间相结合

汴京灯笼张在开封民俗文化景观中的运用需考虑地方特色，将开封的文化与地域性特征通过"灯与景""景与城"的交融共生来展现。这样开封的历史、民间艺术和景观等元素便能在空间交融中得以传承和延续，进而塑造出一张城市新名片。

（三）空间：营造文化景观节点

汴京灯笼张作为开封地区的非物质文化遗产之一，享有较高的知名度。它以"形、色、声、光、奇"的艺术特色深受民众喜爱，在开封，彩灯已经融入人们的日常生活。在开封民俗文化景观中，通过结合灯光与景观、文化与艺术，营造出了"汴京灯笼张"灯文化景观空间。在此空间内，设立了"灯之景"观赏体验区，提供了个性化的彩灯体验，并打造了传承灯文化的科普区。这些举措旨在加深游客对彩灯文化及汴京灯笼张的了解，促进彩灯文化的传播和彩灯技艺的普及。此外，还依托景观空间建立了彩灯非遗文化基地，开展制灯技艺培训，以推动汴京灯笼张的保护、传承和创新发展。

在民俗文化景观空间的设计中，汴京灯笼张被用来装饰和美化景点，灯景被设计成平面灯、立体灯、静态灯和动态灯等多种形态，从多角度打造出具有特色的民俗文化景观。这样的设计使得景观空间集知识性、趣味性、娱乐性和参与性于一体，形成了一个综合性的民俗景观文化空间。

第六节　河南民间艺术在文创产品
视觉设计中的创新应用策略

河南，作为中国文化的发源地之一，孕育了众多的民间艺术。这些艺术历史底蕴深厚，承载着中原大地的文化记忆，具有鲜明的地域特色，并展现了黄河流域的独特风情。河南民间艺术形式多样丰富，涵盖戏曲、舞蹈、美术等多个领域，其技艺精湛高超，是无数艺术家心血的结晶。这些作品不仅文化内涵丰富，每一件都蕴含着深厚的历史文化，而且艺术感染力强，能够深深打动观众的心灵。在传承与创新并重的发展道路上，河南民间艺术不断焕发出新的生机与活力。河南民间艺术的民众参与度广，艺术与生活紧密相连，是中原大地上的一道亮丽风景线。这些艺术形式既是河南人民智慧的结晶，也是中华文化的瑰宝。随着现代社会的发展，文创产业逐渐成为推动地区经济发展的新动力。在这样的背景下，如何将河南民间艺术与现代文创产品相结合，使其在视觉设计上展现出新的魅力，成为文创设计者面临的重要任务。

一、河南民间艺术概况

河南民间艺术历史悠久，独具魅力，承载着深厚的历史文化内涵，展现了劳动人民的智慧与创造力。河南民间艺术具有浓厚的地方特色和民俗魅力。其中，豫剧、木版年画、皮影戏、汴绣（牡丹绣）、泥塑等都是河南民间艺术的代表。这些艺术形式大多起源于民间，经过世代的传承和发展，形成了各自独特的艺术风格和表现手法，深受人们的喜爱和推崇。

在这片土地上，多种艺术风格交融并蓄，形成了独特的多元文化风格。无论是剪纸、刺绣还是泥塑，都鲜明地展现着中原大地的生活气息和风情。手工艺人通过世代传承的精湛技艺，创作出一件件美好的作品，每一件作品都是对美好生活的追求与向往。河南民间艺术不仅是技艺的展现，更是民俗生活的真实写照，反映了河南人民的生活习俗与信仰。

以开封朱仙镇木版年画为例，它是河南民间艺术的瑰宝。这些年画以构图饱满，线条粗犷，色彩鲜艳而著称，充满了浓厚的乡土气息。每年的春节，家家户户都会贴上这些寓意吉祥、富贵的年画，寄托着人们对美好生活的向往。

洛阳牡丹绣则以其细腻的绣工和独特的艺术风格闻名于世。绣娘们用灵巧的双手，将一朵朵盛开的牡丹绣在布料上，仿佛一朵朵真实的牡丹在眼前绽放。这些绣品既体现了河南人民的审美情趣，又展现了绣娘们高超的手工艺水平。

这些民间艺术不仅丰富了人们的生活，更成为河南文化的重要组成部分，让人们在欣赏中感受到中原大地的深厚文化底蕴。

二、河南民间艺术在文创产品视觉设计中的创新方法

（一）图案与元素的提取与再设计

从河南民间艺术中提取具有代表性的图案和元素，如豫剧脸谱的鲜艳色彩、皮影戏中深入刻画的人物、汴绣图案的精细纹理等，这些都是传统艺术的瑰宝。对这些图案和元素进行创新设计，使其既保持原有的艺术特色，又符合现代审美需求，从而创造出既具有传统特色又符合现代审美需求的设计作品。例如，在设计一款融合豫剧元素的文创T恤时，设计师可以从豫剧脸谱中提取出具有代表性的图案，如红、白、黑相间的脸谱线条，再运用现代的设计手法对这些图案进行简化和重构，使其既保留豫剧的特色，又符合现代T恤的简约风格。这样的设计不仅展现了河南民间艺术的魅力，也赋予了文创产品独特的文化内涵和审美价值。这种对河南民间艺术图案和元素的提取与再设计，不仅是对传统文化的传承和弘扬，也是对文创产品设计创新的一种尝试和探索。通过这种方式，我们可以让更多的人了解和欣赏河南民间艺术的魅力，同时也为文创产品设计注入更多的创意和灵感。

（二）色彩搭配与运用

河南民间艺术中的色彩搭配往往富有象征意义和文化内涵，例如，红色常常代表吉祥和喜庆，绿色则象征着生机与活力。在河南民间艺术中，这些色彩的运用往往非常鲜明和大胆。将这些色彩搭配运用到文创产品的视觉设计中，不仅可以使产品更加具有地方特色和文化底蕴，还能增强产品的情感表达和冲击力。设计师们将河南民间艺术中的色彩元素与现代设计理念相结合，通过对比、渐变、重复等手法，让色彩在设计中发挥出更大的作用。例如，在文创产品的包装设计中，运用河南民间艺术中的色彩搭配，可以使产品更加醒目，从而吸引消费者的目光。

以一款融合豫西剪纸元素的文创笔记本为例，设计师可以采用豫西剪纸中常用的红、绿、黄等鲜艳色彩，通过对比和呼应的手法，巧妙地将这些色彩运用到笔记本的封面设计中。这样的色彩搭配不仅使笔记本在视觉上更加引人注目，同时也传达了豫西剪纸中吉祥、繁荣的文化寓意。通过巧妙地运用河南民间艺术中的色彩搭配，文创产品可以在视觉设计上实现传统与现代的完美结合，这不仅提升了产品的审美价值，也增强了产品的文化内涵和市场竞争力。这种创新应用的方式，既是对河南民间艺术的传承和弘扬，也是对文创产品设计的探索和创新。

（三）造型与功能的探索与创新

文创产品设计一直强调在视觉设计中注重实用性与审美性的统一。设计师从产品的造型和功能出发，能够创造出令人惊艳的创新效果。将河南民间艺术与现代设计理念相结合，可以创作出既具有传统韵味又具有现代感的文创产品。例如，在文创产品的造型设计上，河南民间艺术中的传统图案和符号被巧妙地融入其中，使得产品既具有实用性，又充满了艺术气息。这种设计方式不仅传承传统文化，还丰富了现代设计理念。同时，河南民间艺术也为文创产品的功能创新提供了思路。一些传统的手工艺品，如剪纸、刺绣等，通过与现代科技的结合，可以被赋予新的功能，如交互式电子剪纸、智能刺绣机等。这种将传统工艺与现代科技相结合的设计方式，不仅使文创产品具有了更强的趣味性和互动性，也为传统文化的传承和发展注入了新的活力。

（四）叙事手法与融合

河南民间艺术中蕴含着丰富的叙事元素，包含着丰富的故事和传说。这些故事和传说为文创产品提供了深厚的文化背景。在文创产品的视觉设计中，可以通过融入这些叙事元素，增强产品的文化内涵。我们可以将这些故事以新颖的方式呈现在文创产品中，赋予其更深层次的文化内涵。以一款河南传统神话为主题的文创插画为例，设计师可以选取如"愚公移山""大禹治水"等脍炙人口的河南传统神话故事作为创作基础。通过插画的形式，设计师将这些故事中的情节、人物和场景以现代审美的方式进行重新诠释和演绎，形成一系列既富有故事性又能够引起情感共鸣的文创插画作品。

这种叙事手法与融合的应用，不仅使文创产品更具故事性和吸引力，也让河南传统神话故事在现代社会中焕发出新的活力。同时，通过文创产品的传播，这些传统神话故事也能得到更广泛地的传播和普及。

三、河南民间艺术在文创产品视觉设计中的应用策略

（一）深入挖掘艺术内涵

河南民间艺术的文化内涵是其精髓所在，在将河南民间艺术应用于文创产品的视觉设计时，重要的是深入挖掘其艺术内涵和文化价值，确保产品既具有艺术性，又具有文化性。[①]

在设计文创产品时，可以将河南民间艺术的历史背景、象征意义及文化价值作为文创产品设计的灵感来源。例如，设计一款以河南朱仙镇木版

---

① 雷宇.民族艺术元素在皮革文创产品设计中的融合研究[J].中国皮革,2023（3）：129-131,135.

年画为灵感的文创产品时，不仅要再现年画的视觉形象，更要深入解析其背后的民间信仰、习俗等文化内涵，并通过设计符号语言将这些深层次的文化信息传达给消费者。建议设计者加强与民间艺术传承人、文化学者的交流合作，深入理解和学习河南民间艺术的文化内涵，避免仅停留在表面形式的模仿，可以确保文创产品能够真正体现河南民间艺术的深厚文化底蕴。

（二）注重创新与传承相结合

在将河南民间艺术应用于文创产品设计时，应注重创新与传承的融合。这意味着既要保持河南民间艺术的传统特色，又要注重与现代设计理念的结合，以实现在传承中创新，在创新中传承。

一方面，可以通过对传统元素的变形、重构等方式，赋予其新的视觉形态和表现形式；另一方面，也可以借鉴现代设计的理念和技巧，如极简主义、抽象表现等，将传统元素与现代设计元素有机结合，创造出独特的视觉效果。以河南的豫剧脸谱为例，我们可以提取其经典的色彩、图案和符号，然后利用现代的图形处理技术，将其转化为时尚且富有个性的文创产品图案。设计者在创新的同时，应保持对民间艺术传统的尊重，不应为了追求新颖而忽视传统艺术的本质。通过不断地探索和实践，我们可以找到传统与现代之间的平衡点，使河南民间艺术在文创产品中焕发出新的光彩，实现创新与传承的和谐共生。

（三）加强市场调研与定位

在设计文创产品时，应进行充分的市场调研和定位分析，确保产品符合目标受众的审美需求和消费习惯。首先，要深入了解目标市场的消费者喜好、文化背景和购买习惯。例如，针对年轻人市场，可以选择河南民间艺术中较为时尚、活泼的元素，如皮影戏的人物形象，并结合现代审美进行再设计。其次，设计者应与市场部门紧密合作，定期进行市场调研，获取市场反馈，并根据反馈及时调整产品设计和市场策略。最后，通过明确的产品形象和宣传策略，强化文创产品与河南民间艺术的联系，提升产品的市场认可度和竞争力。

（四）持续创新与探索

将河南民间艺术融入文创产品的视觉设计是一个持续创新和探索的过程，设计者需不断调整和优化设计方案。在整合河南民间艺术元素时，可以尝试引入新的设计思路和方法，例如，引入虚拟现实和增强现实等技术，为文创产品的设计带来新的可能性和创新点。建议设计者在与民间艺术家合作的同时，也加强与其他领域企业、设计师或艺术家的跨界合作，共同开发具有独特特色的文创产品。

河南民间艺术在文创产品视觉设计中的创新应用，不仅能推动河南文创产业的发展，还能为传统民间艺术注入新的活力。通过深入挖掘艺术内涵、注重创新与传承的结合以及加强市场调研与定位，将河南民间艺术融入文创产品的视觉设计中，不仅能提升产品的文化内涵和审美价值，也是对传统文化的有效传承。未来，随着设计理念的不断创新和消费者需求的变化，河南民间艺术在文创产品视觉设计中的应用将更加广泛和深入。我们期待看到更多创新的文创设计产品，让河南民间艺术在新时代焕发出更加璀璨的光彩。

主要参考文献

[1]杜耀中.乡村民俗文化传承的路径探析[J].人民论坛,2019(31):92-93.

[2]苟劲松,谭书晴.数字动画在宁波非遗保护传承中的优势与策略[J].美术教育研究,2021(5):88-91,94.

[3]郝元峰.乡村民俗文化的现代性危机与传承保护[J].泰山学院学报,2023(5):41-46.

[4]何修传,马梦媛.交互装置设计概念、方法与应用[M].北京:清华大学出版社,2023.

[5]洪方雯.媒体融合视域下电视文艺晚会创新路径探索:以2021河南卫视《河南博物院元宵奇妙夜》为例[J].新媒体研究,2021(7):105-107.

[6]季中扬.民间艺术的审美经验研究[M].北京:中国社会科学出版社,2016.

[7]姜文悦.数字化博物馆的沉浸式传播研究:以开封市博物馆为例[J].视听,2023(11):140-143.

[8]柯玲.中国民俗文化[M].2版.北京:北京大学出版社,2017.

[9]李四达.数字媒体艺术概论[M].4版.北京:清华大学出版社,2020.

[10]李修超.乡村民俗文化和旅游业融合发展研究:以河南省为例[J].河南科技学院学报,2023(9):46-52.

[11]李义淳.网络艺术区对当代艺术生活的影响[J].新闻爱好者,2012(5):81-82.

[12]李颖悟.数字乡村建设数字农村策划实施方案与案例全解[M].北

京：中国纺织出版社，2022.

[13]刘沛林.历史文化村镇数字化保护理论方法与应用［M］.北京：商务印书馆，2023.

[14]刘心一.贵州非物质文化遗产传承人口述史数据库建设现状与设想［J］.贵州社会科学，2013（8）：49-52.

[15]罗以澄，张昌旭.数字纪录片：在真实与虚构之间［J］.中国广播电视学刊，2008（3）：53-55.

[16]吕新雨.中国纪录片：观念与价值［J］.现代传播（中国传媒大学学报），1997（3）：57-61.

[17]马兆峰.数字影像视听语言［M］.北京：清华大学出版社，2021.

[18]孟威.“新农人”短视频出圈与土味文化传播：“张同学”短视频现象级传播背后的理性思考［J］.人民论坛，2022（4）：112-116.

[19]潘彬彬.非物质文化遗产的保护与传承研究：以南京市民俗博物馆为例［J］.社科纵横，2013（12）：122-127.

[20]苏雷，刘永红.解构与建构：乡村民俗文化的现代性危机：近20年来国内关于乡村民俗文化变迁的研究综述［J］.党政干部学刊，2018（11）：70-75.

[21]孙玉娟，孙婉竹.新农村民俗文化建设的现实审视［J］.东北农业大学学报（社会科学版），2013（4）：28-31.

[22]陶维兵.新时代乡村民俗文化的变迁、传承与创新路径［J］.学习与实践，2018（1）：133-140.

[23]涂波，涂芳.网络信息时代数字媒体艺术作品形式展望［J］.南昌航空大学学报（社会科学版），2016（4）：104-108.

[24]王树良，巴亚岭.“记录我们自己”：民俗纪录片的叙事转向与传播空间：基于《年画·画年》系列纪录片的考察［J］.电视研究，2022（4）：77-79.

[25]王伟.后现代文化语境中的接受美学［J］.云南社会科学，2010（1）：103-106.

[26]王亚楠.5G环境下出版产业商业模式变革研究［J］.中国出版，2020

（19）：52-55.

[27]王卓慧.对霍尔模式三种解码立场的新阐释[J].传媒观察，2015（6）：36-38.

[28]吴存浩.城市民俗文化与农村民俗文化差异论[J].民俗研究，2004（4）：31-44.

[29]吴秋燕.纪录片《苗寨八年》：民族村寨乡村振兴与非遗保护经验的影像表达[J].电影评介，2023（1）：98-102.

[30]吴哲.青年群体阅读倾向性对创造力的影响研究[J].中国出版，2020（15）：46-49.

[31]夏琳.基于社交媒体的品牌推广可视化设计[J].美术大观，2015（8）：116-117.

[32]邢莉，刘兴禄.城市民俗的中国渊源与城市民俗学的兴起[J].云南师范大学学报（哲学社会科学版），2018（1）：69-75.

[33]徐丹丹.论综合性博物馆展示的"权威性"：从观众认知的角度[J].湖北美术学院学报，2019（1）：25-30.

[34]徐国源.生活数字化与网络民俗[M].苏州：苏州大学出版社，2022.

[35]徐辉，孙鸣蕾，董平，等.数字影像艺术设计[M].北京：化学工业出版社，2023.

[36]杨慧，雷建军.乡村的"快手"媒介使用与民俗文化传承[J].全球传媒学刊，2018（4）：140-148.

[37]杨佳锦，王大桥.审美感知与视觉体验经济[J].齐齐哈尔大学学报（哲学社会科学版），2021（6）：101-105.

[38]杨向明.数字博物馆及其相关问题[J].中原文物，2006（1）：93-96.

[39]袁勋，谢琦.智能时代乡村民俗文化的可持续传播路径[J].湖北农业科学，2022（12）：217-220.

[40]张华，刘叶青，全心怡.基于增强现实技术的交互式包装设计：以太平猴魁AR包装为例[J].湖南工业大学学报（社会科学版），2020（3）：22-29.

[41]张洁.乡村振兴战略的五大要求及实施路径思考[J].贵州大学学报

（社会科学版），2020（5）：61-72.

[42]张举文.民俗影视记录与数字时代的民俗学研究[J].民间文化论坛，2021（3）：5-13.

[43]张茜，徐卫民.接触地带：乡村博物馆何以承载乡愁？[J].西南民族大学学报（人文社会科学版），2022（8）：33-42.

[44]章沧授.中国民俗文化[M].合肥：安徽大学出版社，2014.

[45]郑铸东，李宝宁.指尖上的书屋：卫星数字农家书屋应用与发展[M].银川：宁夏人民出版社，2016.

[46]钟敬文.钟敬文民俗学论集[M].上海：上海文艺出版社，1998.

[47]钟丽茜.数字交互艺术的审美特征及其局限性[J].社会科学家，2020（4）：144-148.

[48]周凯，杨婧言.数字文化消费中的沉浸式传播研究：以数字化博物馆为例[J].江苏社会科学，2021（5）：213-220.

后　记

我对乡村选题的关注，是从2015年的"乡愁"研究开始的。

2019年，随着中国共产党第十九次全国代表大会提出乡村振兴战略，乡村研究迅速成为学术界的一个热门领域。2020年，我晋升为副教授，开启了我职业生涯的一个新阶段，我开始着手构建自己的科研领域。在这一过程中，我选择将乡村研究作为我的主攻方向，同时也在广告文化和数字艺术领域进行探索和研究。

2022年6月，我负责的"河南省乡村文化的内涵与路径研究"项目使我们的团队荣获校级首批科研创新团队的称号。这一荣誉不仅为我们的团队带来了优秀的科研人才，还为我们提供了科研资金的支持，更为我们的研究之路指明了方向。

紧接着，我主持申报的2023年度河南省科学技术厅软科学项目"河南省乡村民俗文化数字化建设研究"（项目编号：232400411149）成功立项。该项目成功立项不仅是对我们校级科研团队成果的认可，也是激励我们撰写本书的直接动力。

本书的完成，离不开学校的大力支持，尤其是叶爱欣副校长的长期关心和帮助。她的关心和帮助，持续了十多年。2012年3月的一天，当时的我因科研项目选题而感到困惑，便极其冒昧地登门求教，这也开启了叶校长指导我项目申报、论文撰写的"幸福"时光。当时，我只是一名普通的助教，而叶校长已在古代文学研究领域建树颇丰，后来更是成为我校唯一的二级教授，并先后担任科研外事处处长、主管教学科研的副校长。在她的支持下，一批年轻教师逐渐成长起来，我始终觉得自己是其中最幸运的一人。

　　孙茂军副教授是学校发展与质量管理中心主任，他在我的行政管理生涯中扮演了"领路人"的角色。他不仅是我所在部门的直接领导，更像是一位慷慨善良的兄长，为我提供了极大的科研创作自由，使我能够在繁忙的行政事务之余，全身心地投入书稿的撰写工作中。

　　在本书的编写过程中，我负责选题与框架设计，并撰写了第一章的全部内容和第四章的第三节与第四节内容，共计约4万字。王瑾老师撰写了第二章内容，约4.5万字；邹旖旎老师撰写了第三章的全部内容和第四章的第六节内容，约5万字；韩镇老师撰写了第四章的第一节、第二节和第五节内容，约4.5万字。本书的完成，是我们四位教师共同努力的结果，也是我们校级科研创新团队"开枝散叶"、促进团队成员快速成长的具体实践。

　　尽管我们付出了很大的努力，但本书仍有一些不足之处。这些不足为我们未来的研究指明了方向，激励我们不断提升团队的科研能力。我们将继续在乡村研究领域深耕，不断追求更高的学术水平和更深入的研究成果。

　　恳请同仁们不吝赐教，斧正拙著！

刘东阳

2024 年 6 月